未来を創るプレゼン

最高の「表現力」と「伝え方」

伊藤羊一
澤円

プレジデント社

SESSION

伊藤羊一
澤円

YOICHI ITO
×
MADOKA SAWA

はじめに

本書は、多くのビジネスパーソンが仕事で取り組む「プレゼン」を軸に、その効果的なメソッドにとどまらず、広く仕事の意味やこれからの時代の働き方、来るべき未来の世界像についてまで幅広く考察し、また熱く語り合った本です。

僕、澤円《さわまどか》は、いま外資系IT企業に勤めながら、同時に大学の客員教授やスタートアップ（ベンチャー企業）の顧問など複数の仕事を持って働いています。また、最新のテクノロジーをベースに、様々なテーマのプレゼンを年約280回行っています。

そして、本書はなによりも、同じプレゼンを生業《なりわい》とする同志であり、ベストセラー『1分で話せ――世界のトップが絶賛した大事なことだけシンプルに伝える技術』（SBクリエイティブ）の著者でもある伊藤羊一《いとうよういち》さんとの共著です。そして伊藤さんもまた僕と同様に、年300回近いプレゼンをこなしておられます。

なぜ、僕たちがこれほどまでプレゼンというものに魅せられ、人生をかけて夢中になって取り組んでいるのか。それは、僕たちがプレゼンをするこの目的のためです。

よりよい未来をつくるため――。

伊藤さんとはじめてお会いしたときから、まだ2年弱ほどであるにも拘わらず、会った瞬間からお互いに深く意気投合できたのは、まさに僕たちがプレゼンをする目的がまったく同じだったからです。

もちろん、僕と伊藤さんのアプローチはちがいます。僕が主にテクノロジーを切り口にして思考を進めていくのに対し、伊藤さんは主にリーダーシップやマネジメントを得意領域とされています。それでも、より多くの人にライブでメッセージを伝えることができるプレゼンというツールをとおして、お互いが目指していることはまったく変わりません。

僕は、先端のテクノロジーの〝かけら〟を集めて、構築し、来るべき未来像を具体的に描いていくのが得意です。一方、伊藤さんは、自分の内面へと深く降りていきます。そして、過去の出来事が自分に対して持つ意味をひとつずつ丹念に掘り起こすことで、いま現在を再定義し、現在の延長線上にある未来へと明確な視線を向けていきます。

本書では、そんな「自分の在り方（自分はなんのためにここにいるのか？　本当はなにがしたいのか？）」を考えるコツも、具体的にお伝えしていきましょう。とくに、対談パートでは、僕たちの似ている部分や、考え方やアプローチのちがいを読み比べることで、多くのヒントが得られるはずです。

そして、もうひとつ、本書を通じて大切なメッセージをお伝えしていきます。

それは、**「いまを生きる」ということ。**

みんなで「よりよい未来をつくる」ために、僕たちはどのような姿勢で考え、働き、行動していく必要があるのか？　僕たちがとても大切にしている、「いまこの瞬間を全力で生きる」姿勢についても掘り下げていきます。

本編は、まず【思索編】で、僕たちが実際に失敗と挫折の道のりを歩みながら見出してきた、これからの時代に必要となる働き方や、生き方についての大切なメッセージをお伝えしていきます。

次に、【行動編】では、いまプレゼンに苦手意識を持っている人に向けて、実践的なノウハウをたっぷり紹介します。僕たちがプレゼンで目指す地平は同じですが、ふたりのアプローチが異なることが、より具体的なかたちで立ち上がることでしょう。自分に合った方法を取り入れつつ、共通項にも注目いただくことでエッセンスの「いいところどり」をして、どんどんプレゼン力を上げていただければうれしいです。

僕たちはいまでこそプレゼンを仕事にしていますが、はじめからなんらかの素質や、生まれ持った才能があったわけではありません。むしろ、「失敗だらけの人生を送ってきたね」と、ふたりで笑い合うこともあるほどです。

つまり、いまプレゼンに苦手意識があって、「自分がなにをしたいのかもわからない」なんて人がいたとしたら……、僕にいわせれば、そんな人はもう「伸びしろ」しかないということ。

さあ、明るく希望に満ちた未来のために、一緒に前へと進んでいきましょう。

澤《さわ》 円《まどか》

目次

考えられる人であれ

澤円【思索編】

「対話」して心を動かす

伊藤羊一【行動編】

「幸せ」をプレゼントする

澤 円【行動編】

自分の人生は自分で決める

伊藤羊一×澤 円 SESSION_01

表現する人が生き残る時代

伊藤羊一×澤 円 SESSION_02

誰もが未来の創造者になる

伊藤羊一×澤 円 SESSION_03

「譲れない想いを持て」

伊藤羊一

【思索編】

人生においてもっとも大切なものは、
「自分はどうありたいか」という
「譲れない想い」だ。
そんな信念を胸に、
まずはなにかを宣言してやり抜こう。
失敗しても、何度でも
挑戦を繰り返そう。
人はいつだって変われるのだから

人は変われる

僕が学長を務めているＹａｈｏｏ！アカデミアは、ヤフー株式会社のなかで次世代の経営者やリーダー候補を選抜し、リーダー育成をする社内大学です。

マインドの醸成《じょうせい》のために年に数回合宿に行き、受講生同士で徹底的に対話をします。また、社内でやっている事業について学ぶ場や、デザイン思考をベースとした事業やサービスのつくり方をワークショップ形式で学ぶ場をつくっています。自社の未来を考え、競い合うプレゼン大会も行っています。

こうした活動を続けているうちに、外部企業のリーダー候補者にも次第に評判が広まり、いまではときに外部の人も参加して、将来のリーダーを育てるようになりました。

ただ、個人的には、リーダーの「育成」というよりも、リーダーになるための「覚悟」を決めるための「対話の場」をつくっているつもりです。Ｙａｈｏｏ！アカデミアが提供するのはあくまでもきっかけであり、いったん自分で気づきを得たら、あとはそれぞれの職場での経験を通じて、自ら主体的に行動し成長していくことを求めます。そのため、Ｙａｈｏｏ！アカデミアは客観的な評価軸をとくに採用していません。

僕の役割は、そこにやってくる「本気」な人たちに、さらに強く火をつけることです。

のちにも紹介しますが、僕は自身でターニングポイントとする地点からいま現在に至るまで、25年以上もかけて少しずつ仕事というものを楽しめるようになってきました。

もともと僕は、仕事で完全に落ちこぼれていた人間だったのです。

そして、その事実こそがいま自分が働く原動力であり、強いモチベーションになっています。ひとことでいうと、僕がもっとも大切にしている想いはこれです。

人は変われる――。

そのことを、僕は毎日多くの人に伝えているし、本書においても多くの人に知っていただきたいと考えています。

そして、もうひとつ僕が大切にしている想いがあります。

それは、**「人間関係はフラット」だということ。**

僕は以前から、「人はなぜ、仕事のできる・できないで他者の存在すべてを判断しようとするのだろう?」とずっと疑問に感じていました。はっきりいうと、仕事はその人の一要素に過ぎません。たとえ仕事の成績がイマイチでも、家に帰れば子どもにとって素晴らしいお母さんであり、お父さんかもしれませんよね。人は一人ひとり、素晴らしい存在なのです。

仕事だけで人の価値を判断しようとするのは、とても短絡的な見方です。

だからこそ僕は、できる限りフラットに、すべての人をリスペクトしようといつも心がけています。そして、それはそのまま僕の生き方や働き方、そしてのちに紹介するプレゼンのスタイルにも大きく影響しています。

いまだ残る「厳しい親」という存在

なぜ、僕は「人は変われる」と、強く思って生きているのか。

それはやはり、僕の人生が「へっぽこな状態」から成長してきた、という意識があるからです。人からはよく、「伊藤さんはピカピカの経歴をお持ちですね！」などといわれるのですが、内実はそれとはまったくかけ離れたものでした。

プレゼンの舞台に立つ、いまの僕の姿からは想像しづらいかもしれませんが、子どものころ、僕はかなりおとなしく消極的な性格でした。もともと好奇心があまりなく、人と触れ合うのもそれほど好きではなく、いつもひとり静かに本を読んでいるような子どもだったのです。

小さいころから、母が姉に勉強を教えているのをいつも横で見ていたこともあり、比較的勉強はできるほうで、スポーツも得意でしたが、人と競うのが好きではなかった。かけっこや腕相撲など、子どもは競争が大好きです。でも僕は、むかしからそんなことがあまり好きではありませんでした。

また、しつけに厳しい親だったため、

「きちんと勉強しなさい」

「無駄《むだ》にお金を遣うのをやめなさい」

「真面目に生きなさい」

「ご飯粒はひと粒残らず食べなさい」

そんなことを徹底されて育ったためか、親に対して、常に「怒られないようにしよう」「嫌われないようにしよう」と考えるような子どもでした。また、他人に対して「僕はこうしたいんだ」と、自分の思いを主張することもほとんどなかった。


小学校では勉強やスポーツができて、学級委員までやっていたので、ふつうならクラスの中心になって調子に乗るところです。でも、僕は、たとえば誰かがいじめられているのを見ると、「君たち、そういうことはやめようよ」というような存在でした。とにかく誰かがいじめられるのを見るのがとても嫌で、これは別に僕の性格がいいからではなく、ただただ真面目だったのだと思います。

いま思えば、「どんな人とでもフラットでありたい」と考えるようになった源流は、意外とそのころにあったのかなという気もします。

いずれにせよ、親のしつけが僕のなかに色濃く残っているせいか、大人になったいまでもご飯を残すときなどは、ちょっとした罪悪感を抱くほど。自分の人生を振り返ると、「厳しくて真面目な親」という存在とその記憶が常に原点として存在しています。そして、そのころからずっと、どうすれば自由に生きられるのかと考え続けてきた気がします。

他者から拒絶されるという衝撃

少年期を比較的素直に過ごし、麻布《あざぶ》中学校、麻布高等学校と進学したものの、まわりがみんな驚くほど勉強ができる人ばかりだったので、僕はそれだけで少し引っ込み思案な性格になっていきました。それでも中学は硬式テニスに打ち込み、のちにトッププロとなる選手たちと試合ができるくらいには強くなっていました。

ただ、それほど打ち込んだテニスのある出来事がきっかけで、僕の人生はみるみるうちに崩れていきます。

高校1年生のときに、テニス部をクビになってしまったのです。

それまでは、学校のテニス部と、家の近くのテニスクラブで毎日ひたすらテニスをする生活を送っていました。しかし、高校のテニス部は人数や場所の都合上、ひとり10分くらいしか打てなかったため、「最低週2回出る」というノルマを僕は守らず、あまり練習に出なかったのです。

すると、高校1年生の夏にキャプテンから、「おまえはクビだ」と告げられ、テニス部を追い出されてしまった。人生でほとんどはじめて、他者から拒絶されたことで、僕は大きなショックを受けました。

「すべてをかけて真剣に打ち込んでいたはずなのに、道を断《た》たれてしまった」と感じ、僕は何年も毎日続けてきたテニスをやめてしまいました。

そのころから授業をサボりバンドをやり、繁華街へ出てナンパし……「やってらんねえよ」という感じで、斜《しゃ》に構《かま》えて生きはじめたのです。当然、勉強もまったくしなくなり、現役で大学に行くことはできませんでした。

でも、**斜に構えている自分のことも、心のどこかでは好きではなかった。**

そこで、浪人生になったときに「東大なんて余裕だろ」といって、斜に構える感じを演じて勉強を再開しました。本当は余裕でもなんでもないのですが、なりふり構わず努力することがかっこ悪く、余裕だと思いたかったということです。また、勉強に没頭していると、嫌な自分を一時的に忘れることができました。

そんな感じで大学へ入学したので、大学生活もバイト、バンド、デートの繰り返しです。バイトも塾講師と家庭教師だったので、それほど社会に触れることもありませんん。おそらくまわりができる人ばかりだったので、コンプレックスだけが増していき、人と触れ合うのが嫌になっていたのでしょう。

「まあ、世の中なんてこんなもんだろ……」

そんな斜に構えた感じで、大学時代を過ごしたのです。

「東大卒」という「学歴」は残ったものの、ほとんど内容のない4年間でした。

うつ病で苦しんだ、どん底の新人時代

ときはバブル最盛期——。僕のような学生でも就職先は山ほどありました。そこで日本興業銀行に入行したのですが、半年間の新人研修を終え、160名の同期社員で

「研修不合格」とされたのは、僕を含めてたったの4名。その後も、8科目の通信教育を義務として課されましたが、それも途中でやめてしまう始末でした。結局、最後まで終わらなかったのは僕だけで、完全な〝不良社員〟として社会人生活をスタートさせたのです。

当時はまだ体育会系的な上下関係がまかりとおっていたので、飲み会でも「新人はまず脱げ！」などといわれるようなご時世です。そんなことが嫌になってさらにやる気がなくなり、生活もどんどんすさんでいきました。

夜ひとりで飲みに出かけて、深夜1時ごろに帰ってきたら朝までドラクエをやり続けるような日々……。とにかく翌日の朝になるのが嫌で嫌で、ドラクエをやり続けて寝落ちしなければ、眠ることができなかった。

もちろん、毎日そんな状態でまともに仕事ができるわけがありません。そして26歳のある日、突然、会社に行けなくなってしまったのでした。

26歳のときにうつになったというよりも、就職するころから少しずつメンタルを病んでいった果てのことだと思います。そのころはうつという言葉も広く認知されていなかったので、自分では単なる「サボり病」だと捉《とら》えていました。

「会社に行かないとクビになってしまう」と、がんばって起きてスーツを着る。靴を履いていざ家を出ようとすると、玄関で吐いてしまう。それでも10分ほど休めば家を出られたので、しばらく休んだあと、会社にはどうにか行き続けました。

でも、翌日も同じことの繰り返しです。つまり、家からまともに出られなくなっていたのです。毎日吐いていることに気づいた僕は、掃除するのが大変だからと、玄関に桶《おけ》を置くようになりました。そして、10分早く起きて、玄関で吐いたあとに家を出るのがルーティンになっていきました。

そのころよく覚えているのは、実家が古い家だったので床や壁のなかにネズミがいたこと。そして、あるときネズミが自分のベッドの下に住むようになり、毎日夜になるとカサカサと動く音がしていました。

それでも、僕はそれに対してなんのアクションを起こす気も残っていませんでした。

「あ、ネズミがまたいるな……」

そのくらい心をやられてしまっていたのでした。

本気で取り組むから人は動いてくれる

それでも勤務先にはなんとか通っていたところ、あるとき予期せぬ転機が訪れます。あるマンションデベロッパーが、融資を引き受ける銀行を探していたのです。そして、なぜか僕が担当者としてそのデベロッパーに指名されたのでした。

いま思えば、ほかの銀行から融資を断られていたからこそ、僕のところまで順番が巡ってきたのでしょう。「どこの銀行もお金を貸してくれない。もう頼める担当者は伊藤さんしかいない」といわれて、これは本当にうれしかった。

でも、当初は融資をするといっても、それまでまともに働いていなかったので、なにから手をつけていいのかもわかりません。そこで上司に相談したところ、こんなことをいわれたのです。

「俺を説得できたら、銀行中を回ってこの案件を成立させてやるから」

このひとことで、僕の心に火がつきました。すると、「あの伊藤がやる気になった」

と、まわりの同僚や先輩たちも、登記簿の取り方から物件の写真の撮り方、アパート・マンション情報の分析の仕方まで、すべてを親切に教えてくれたのです。僕はそれをいわれるがままやっていただけでしたが、最終的には、無事案件がとおることになりました。

27歳になって、僕ははじめて仕事を最後までやりとおしたのです。

しかも、当時はバブルが崩壊し、不動産に融資をすることがリスクでしかない時期だったため、この融資が業界で話題になり、第6次マンションブーム（1994年〜2002年）のきっかけのひとつになったともいわれました。

取引先の社長とも抱き合って泣きながら祝勝会をやり、このときにはじめて、真面目に仕事をすることや、真面目に生きることがどれほど大切なことかを知りました。

それまでなぜ斜に構えて生きていたのかというと、おそらく真面目にやって結果が出なかったときに上司に怒られたり、まわりの人に見下されたりするのが怖かったのだと思います。でも、自分が真剣に仕事に取り組むと、まわりの人が手を貸してくれて、顧客にこんなにもよろこんでもらえる。
この瞬間から、僕はこう決めました。

生涯をかけて、真剣に仕事をしよう。

実際、僕はかなり出遅れていたし、スキルも未熟だったので、ひたすら仕事をするという手段しか残されていませんでした。でも、そこからなにも考えずに、それこそ寝る間も惜しんで仕事を続けたのです。

そして、**いまだに僕は、自分のことを「仕事のパラノイア」だと思っています。**

あれから何十年経ったいまでも、僕には完全オフはありません。家に帰っても毎日寝るまで仕事をしているし、家族と旅行しているときも1時間は仕事をしてしまいます。

仕事をしないことに対する強い「恐怖心」が、僕のなかにあるのだと思います。

なぜなら、**仕事があったおかげで僕はこの世の中とつながれたからです。**

まず「宣言」してそれをやり抜く

27歳で仕事に目覚めた僕は、のちに転職したプラス株式会社という文具やオフィス家具の製造販売を行う会社で、仕事人生2度目の転機を迎えることになります。それが、あの東日本大震災でした。完全にマヒした東北地方の自社物流を復旧させる業務に携《たずさ》わったのです。

震災当時、自社の東日本センターの出荷が停止していたため、会社は身動きの取れない状況に陥っていました。でも、プラスは文房具だけでなく、水をはじめ電池、ゴム長靴、軍手、消毒液、台車、段ボールといった商品も扱っていたので、物流をいち早く復旧させることができれば、それが直接的に被災地の役に立つはずでした。

加えて、自衛隊の災害支援にも協力できるだけでなく、東北地方の顧客がふだんの暮らしのなかで利用している商品を定期的に出荷することができます。それは、非常時の生活が、ほんのわずかな一歩でも正常な状態へと近づくことにつながるはずです。

そこで僕は、「業界でいちばん早く東北全県への物流を復活させよう」と社内に宣言し、みんなで明確な意志を持って復旧作業にすべてをかけました。

センターの出荷状況を確認して支援便を出し、ガソリンを確保しながらルートを戻していき、まず青森県、秋田県、山形県を復活させる。そして、翌週には岩手県、福島県、宮城県と戻していき、2週間で東北各県の中心部への便を復旧させることができました。もちろん、東北全域への物流が完全復旧するまでには、ここからまだ時間を要するのですが。しかし、これは当時としては、早い復旧となりました。

ただ、僕たちが行ったのはとてもシンプルなこと。全社のあらゆるリソースを東北へ投入しただけです。

たとえば、便が復活した当初は貴重な水が入荷されても、3日に1回くらいという微々たる量しか入ってきませんでした。すると、全国から入る注文にはとても対応できない。そんなとき、この入荷された水をどこに充てるかというと、通常のルールに従うなら、当然ながら「注文の先着順」になります。自社の商品販売サイトの注文ページには、それこそ膨大な数の注文が溜まっていました。

でも、僕たちはその注文をすべて無視し、東北の注文だけに応じるようにしたのです。やったことはとてもシンプルです。しかし、それを徹底的にやることで、東北地方の物流がもの凄《すご》いスピードで復旧していきました。

このとき僕は、**リーダーとして「決めて、宣言すること」の大切さを知りました。**宣言しても、できるかどうかなんてわからない。でも、宣言したからには「やり遂げなければならない」。この厳しい過程を経験することで、僕はそれまでのような、**「寝ずに仕事をしてがんばる」だけでなく、仕事には明確な意思決定が必要であることを知った**のです。

もちろん、社内からは「素晴らしい」という声があがる一方、「伊藤はなぜ会社を私物化するんだ」「なんの権限があって東北だけに送るんだ」という声もたくさんあがり、社内の意見は二分されました。通常のルールどおりにしないのだから、それは当然のことでしょう。しかも当時、僕にはその決断を許される職権がそもそも与えられていなかった。

いわば、自分で「勝手に」リーダーになったわけです。

このとき、僕は大事なことに気づきました。

多くの人は、口では「東北が大事」だといいます。でも、実際に東北を優先して物資を送ろうとすると、通常のルールを持ち出したり、「お客様は平等だ」と言い出したりする。そんな状況のなかでもなにかを決断してやるときには、反対意見が多くても、ある声を無視してでも、大きな決断をしなければものごとは進んでいかないということです。

決めるということは、捨てるということ。

いったん「それをやる」と宣言したら、最後までやり抜かなければならない。そこで日和ってしまったら、いいリーダーとはいえないでしょう。もちろん、**唯我独尊《ゆいがどくそん》ではいけませんが、様々な意見を聞いたうえで決断したのなら、痛みが伴ってでも意思決定していくことが大事**なのです。

それまでの僕は、上司のいうことを忠実に守り、それに対して120%で返すようなスタイルで仕事に邁進《まいしん》していました。でも、そのときはちがった。震災のときは上司にも歯向かったし、社内で突き上げにあいました。

それでも前に進めたのには理由があります。

それは、いま自分のやっていることが、「東北や日本のためになっている」と確信できたからです。そんな「大義《たいぎ》」が仕事に生まれたとき、僕はリーダーシップの本質を知った気がしました。

仕事に大義を見出し、それを貫くことで多くの人を動かしていく。

それが、真のリーダーの姿であると確信したのです。

もっとも大切なのは自分の「譲れない想い」

東日本大震災の復旧のときに、僕はなにも急にリーダーになれたわけではありません。それまでに、自分のなかに3つの伏線があり、いざとなったら行動できる自分でいたことは大きかったと考えています。

まず、ひとつめの理由が、阪神《はんしん》・淡路《あわじ》大震災のときに、株式会社ダイエーの代表取締役会長兼社長だった中内《なかうち》㓛《いさお》さんが、震災が起きた翌日から店を開けていたという事実を知っていたこと。当時、中内さんは記者会見で、「僕たちは店を開けていますので、みなさん来てください」といわれました。そのことが、なぜかずっと僕の記憶に残っていたのです。

「ボランティアでなく店を開けているって、この人はなにをいっているのだろう？」

正直なところ、当時はその意味がよくわかりませんでした。ただ、自分のなかに、そんなときこそ「いつものように店を開けることが大事なのかな」という考えが、ずっと残っていたのです。

ふたつめは、新潟県中越《ちゅうえつ》地震のときの苦い思い出です。僕は当時すでにプラスで物流の仕事をしていましたが、実はそのときになにもしなかった、動けなかったのです。物流に携わっているので、「なにかやらなくていいのかな」ともやもや考えてはいましたが、結局なにもやらないどころか、「なにかやりませんか！」と言い出すことすらできなかった。つまり、いわれた業務を淡々とやっていただけで、そのことが自分のなかで大きな後悔として残っていました。

そして、３つめが、その後全国で発生した台風や火災や土砂崩れなど様々な災害が起きたとき、物流もマーケティングも担当していた僕は、その都度自分がリーダーシップを取らざるを得ない状況に置かれていたということです。

そのため、情報収集から問題解決に至るまで、対処の場数を多く踏んでいました。その経験があったからこそ、東日本大震災のときに、その一環としてスピーディーに動き出すことができたのだと思います。

そして、まさにこの東日本大震災のとき、中内さんの言葉を瞬間的に思い出し、その真意を知ったのでした。


「いま僕らはそのまま復旧に役立てるのだから、僕らがやらなきゃダメだろう」


他社よりも早くというのが目的ではなく、とにかく自分たちがいち早く復旧作業に取りかかることで、まわりの企業もそれに追随《ついずい》するはずだ。そうすれば、全体の復旧がより早くなるし、規模もどんどん大きくなっていく。

中内さんのいっていたことは、このことだったのではないかな、と思いました。

仕事とは、世の中に対して貢献すること。

世の中に貢献するためには、賛否両論《さんぴりょうろん》があるときに、あるひとつの我《が》をとおさなければならないこともある。そんな本当のリーダーシップの在り方を、僕ははじめて知ったのでした。

そんな「いま決めなければいけない」というときに、自分の判断や行動のよすがとなるのは、僕はこれしかないと考えています。

譲れない想い。

みんなで会議室に集まり、情報を並べてメリットとデメリットを書き出して分析していても、答えが出ないことなんて山ほどあります。確実な正解はなかなかないし、とくに緊急時には「もっと情報を集めろ」といっているうちに状況はどんどん悪化していきます。

そんなときは、自分の「譲れない想い」に立ち戻ればいい。

つまり、**自分がもっとも大事にしている「信念」によって、決断していく**のです。

自信がないなら何度でも繰り返す

東日本大震災の年は、僕の人生にとっていろいろなことが起こった年でした。

まず、2011年の3月にグロービス経営大学院を卒業し、同年5月にはプラスの流通カンパニーでマーケティング本部長になり、同社のナンバー3として経営者の道を歩みはじめました。そして、孫正義《そんまさよし》さんが率いる「ソフトバンクアカデミア」に入り、入学後、孫さんの前ではじめてプレゼンをしたのが同年の6月。僕にとって大きな意味を持つ出来事が、短い期間で立て続けに起こったわけです。

このときのプレゼンは、孫さんにも興味深く聞いていただき、僕にとっては本当に貴重な経験となりました。当時、僕は孫さんの前でプレゼンをするために、仕事の合間を縫って300回もの練習を重ねました。朝昼晩に10回ずつ練習して10日間。もちろん土日もずっと練習しているので、実際はもっとやっていたはず。

「あの孫さんが自分のために5分の時間をくれる。だからこそ徹底的に取り組もう」

そう思ったのです。さすがに300回もやると、最後のほうには言葉が勝手に出てくるようになるものです。ふつうなら、孫さんの前でプレゼンをするとなると、ほとんどの人は緊張してしまうでしょう。もちろん僕だって緊張します。でも、そのための練習をひたすら積み重ねていると、たとえ緊張していても、言葉が勝手に出てくるようになるのです。

だからこそ、僕は若い世代の人に、いつも**「量」を重ねることはとても重要**だと伝えています。ちょっと根性論みたいに思われるかもしれませんが、「練習しまくることが重要なんだよ」と、あえて伝えるのです。


これは、僕が寝る間も惜しんで仕事をするのと同じ理屈でもある。なぜ、僕はこの年齢になっても、ひたすら愚直に練習し、働き続けるのか。

それは、こんな理由からです。

自信がないから。

若いころは誰だって自信がないものですが、僕ははっきりいうと、いまでもいろんなことに対して自信がありません。

僕が2019年の1年間に人前で話した回数は、インタビューなども含めて270回でした。これは、この本の共著者である澤円さんとほぼ同じ回数です。正直なところ、そのうちの268回くらいは、結果を思い起こして自己嫌悪に陥るようなものでした。

「なぜ、今日はこの話ばかりしてしまったんだろう」
「なぜ、あのとき聞き手に問いかけなかったんだろう」

このように、僕は常に自分の実力に関して悲観的な人間です。
もちろん、まわりから「とてもよかったですよ」といってもらえることはあります。それは、とてもうれしいことでもある。でも、自分のできに対する自分の思いはまた別で、いつも「ああ、今日も俺は全然ダメだったな……」と思ってしまう。

だからこそ、経験を積み重ねるのです。

実際にやってみて、やってみたら意外とうまくいったと思っても、「でもこうすればよかった」とやっぱり自己嫌悪《じこけんお》に陥《おちい》っていく。そんな経験すべてをひっくるめて、何度も繰り返していくこと。

そんな積み重ねが血肉となって、いまの僕をつくっています。

どんな仕事にも「譲れない想い」を込める

このような経緯で、僕はいま冒頭で触れたYahoo!アカデミアの学長として仕事をしています。これは2014年の夏に、ヤフー株式会社前社長の宮坂学《みやさかまなぶ》さんに誘われたのがきっかけで、僕の仕事人生3回目の転機となりました。

一見すると、僕のキャリアは、業種としては銀行→流通→インターネット。やる仕事としては、営業→物流→マーケティング→経営→教育と、共通項がないように見えるかもしれません。でも実は、その根っこには、どの仕事にも共通する僕の「譲れない想い」が存在しています。

それが、冒頭に書いたこの強い想いです。

人は変われる――。

僕は、銀行ではじめて手がけたマンション融資の仕事をきっかけに、少しずつ前向きに変わっていきました。そして、銀行で働くということは、「産業全体を元気にするためにサポートすることなんだ」と考えるようになっていきました。要は、リスクがない取引をするだけでなく、取引先が「成長していく」ために資金という栄養を入れ、バランスシートを健全なかたちにしていく仕事でもあるということ。結果として世の中を元気にすること。それが、銀行マンである自分の責務だと考えるようになったのです。

次に、プラスでは「オフィス用品を全国各地に届けることで、働く人たちを元気にしていこう」と考えました。事務用品というモノの供給だけでなく、顧客企業のコスト削減、効率化でサポートすることで、みんなを元気に「変えていく」。その一心で働いていたのです。
そして、Ｙａｈｏｏ！アカデミアでは、僕の譲れない想いである「人は変われる」という信念を、受講生に対して直接向けています。また、プレゼンを様々な場所で数多く行うことで、より広く自分の想いを伝えていこうと考えています。

これは、みなさんが自分のキャリアを考えるうえでも、とても大切な視点になるはずです。

つまり、**どんな仕事にも、自分の「譲れない想い」を込めることができる**ということ。たしかに、キャリアパスはときに重要です。でも、自分の仕事をただ一連のキャリアの流れという視点だけで捉えてしまうと、いつまでも「本当にやりたい仕事」に辿り着けないかもしれません。

大切なのは、まず自分の「譲れない想い」を考えることなのです。

そして、その想いをどんな仕事であっても追い求めていく。そうして**自分の人生をかけてがんばり続けた先に、天職というものが「待っている」**のだと思うのです。

可能な限り言葉を外へ届けよう

僕はいま、可能な限り自分のメッセージを多くの人へ届けようと奮闘しています。だからこそ、本も書くしウェブのメディアにもたくさん出るし、講演会やプレゼンも年間何百回もこなすようにしています。そうすることで、自分の考えやコンテンツをたくさんの人が知ってくれるからです。

そのようにして、「人は変われる」「だから大丈夫なんだよ」というメッセージを可能な限り遠く、多くの人に届けようとしています。少なくとも、「日本の働いている人たち全員に届けたい！」と、常に思いながら仕事をしています。

しかも、同じことを繰り返していると、目に見えて結果がついてきます。たとえば、年間270回も話していると、やるたびにどんどん言葉に力がこもってくるし、ひとつのプレゼンを300回練習することとほぼ同じです。結果を出すためなら、僕はそのくらいはやってあたりまえだと考えています。

ずっと同じことをやり続けていると、途中で飽きてしまったり、嫌になってしまったりすることもあるでしょう。しかし、**せっかく自分で選んだ仕事を嫌にならないよ**

うにするためにも、最初に「譲れない想い」を強く持っておくことが必要です。

自分の志や、未来に対するビジョンを、人それぞれ自分なりに突き詰めておくこと。**「こんな未来をつくりたい」「こんなことを成し遂げたい」と、常に妄想していることが大切**だと考えています。

一生懸命仕事しているのに報われないのは、やはりとてももったいない。僕はむかし働くことがまったく楽しくなかったので、その気持ちはよくわかるつもりです。そんな僕でも、紆余曲折《うよきょくせつ》を経ながら、自分をいい方向へと変えていくことができました。

みなさんにも、**楽しく仕事をして人生を全力で駆け抜けてほしい**。そのためには、仕事自分の「譲れない想い」を持つことが大切。それは絶対に実現可能なことだし、仕事に真剣に向き合ってがんばっていれば、「大丈夫だよ」と僕は今日も伝えています。

澤円

「考えられる人であれ」

【思索編】

自分の将来を自分で考え、
自分で決断し、自分の意志で行動する。
それは厳しくも、素晴らしく楽しい生き方だ。
失敗は次なる成功のための材料に過ぎない。
いまこそ自立した個人として、
自由な人生に踏み出そう

データになっていなければ世に存在しない

僕は、いまＩＴ系の外資系企業でテクニカルセールスマネージャーをしています。年間２８０回以上ものプレゼンを行いながら、また個人の活動として、大学の客員教授やスタートアップ（ベンチャー企業）の顧問など複数の仕事をして働いています。

プレゼンは様々なテーマで行っていますが、端的にいうと、「世の中にある最新のテクノロジーが、ビジネスにどう貢献するのか」を理解してもらうことが主なミッションです。つまり、個別のプロダクトを紹介するのではなく、「いまみんなが困っていること」や「人類がこれから目指さなければならないこと」が、テクノロジーによってどのように後押しされるのか。あるいは、テクノロジーを活用しないことで、ビジネスやセキュリティー上どんな悪影響があるのか。そんなことを言語化し、理解していただくプレゼンをしています。

結果的には、そんな僕のプレゼンが、自社製品に対する興味や理解、セールスにつながっていきます。セールスマンとしては少し遠回りな手法ですが、顧客がもっとも納得感を持って購入いただけることに貢献していると考えています。

考えられる人であれ

澤 円【思索編】

僕は、大学卒業後に大手生命保険会社のＩＴ子会社に入社し、プログラマーとして社会人のスタートを切りました。

当時はまだコンピューターは一般的ではなく、主に企業や研究機関に導入される類のものでした。しかし、僕が業界に入った１９９０年代は「ハードウェアの時代」と呼ばれ、その価格がどんどん下がりはじめていました。

いまの会社に転職したのは、インターネットが普及しはじめた１９９７年。僕はＩＴコンサルタントとして、ＩＴに関する様々な情報を扱いながら、ビジネスの問題解決をはかっていました。本格的にプレゼンをはじめたのもこのころで、数々のソフトウェアが登場し、仕事や生活がどんどん便利になっていく「ソフトウェアの時代」を迎えていました。

そして、現在は「デジタルデータの時代」と呼ばれています。

たとえば、みなさんがアマゾンで１本のワインを買うとしましょう。注文から数日後には、そのワインが自宅に届きます。そうすると、僕たちはついワインという「モノ」を買ったと思いがちです。もちろんある意味ではそうともいえますが、厳密にはちがいます。

このとき、僕たちは「コンテンツ」を買っているのです。つまり、ワインを手に取り、試飲をしたうえで買っているのではなく、そのワインのデータを読み取って買っているということです。

「産地は◯◯で、◯年物で、◯◯で賞を受賞している……」

そうした情報はすべて「データ」です。データが集まり、構造化され、ワインというひとつの「コンテンツ」になっているわけですね。そして、その「コンテンツ」を買うことによって、結果的に「モノ」が届く状態になっているわけです。

このことから、いまの「デジタルデータの時代」にビジネスをするうえで、もっとも重要な認識が得られます。


データになっていなければ、この世に存在しないに等しい。

とくに、いまビジネスの世界では、データになっていなければ誰にも気づかれず、

〝無〟に等しいといわざるを得ません。だからこそ、自社のビジネスをデータ化していくための「デジタルトランスフォーメーション」が、企業の明暗を分ける重要な一手となっています。

そのために、僕は常に最新のテクノロジーに関してキャッチアップし、競合企業も含めて、世の中全体のテクノロジーの流れを把握するように努めています。

また、テクノロジーを自分で実際に「体験する」ことも大切。常に最新のテクノロジーを触り続け、興味を持ち続けることが重要な仕事なのです。

失敗する人の気持ちがわかると人に教えられる

いま僕は、ＩＴに関することだけでなく、様々なテーマでプレゼンを行っています。プレゼン自体はＩＴコンサルタント時代から取り組んでいて、社内でトップレベルのポジションを得ていました。ただ、顧客や社内イベント以外の、通常業務とは関連しない外部に対してもプレゼンをするようになったのは、２００６年に社内のグローバルな賞を受賞したのがきっかけです。

その賞では、日本から十数名が候補者に挙げられていたのですが、そのとき同じ候補者のなかに、大谷《おおたに》まりさんという方がいました。大谷さんは当時、パラサイヨというフィリピンの児童養護施設を支援しているＮＰＯ団体のサポートをしていました。その団体で「資金集めのイベントでプレゼンの講師をしてほしい」といっていただき、講師としてプレゼンを教えたのです。それが、はじめて人からお金をもらってプレゼンを教えた経験になりました。正確には収益はすべてチャリティに回すので、僕自身は手づくりのケーキをもらったのですが。

そのとき、僕ははじめて、**自分の経験や持っている情報を「言語化」することの重要性を知りました。**ふだんからやっていたプレゼンも、人に教えることであらたな価値が生まれることを知ったのです。そこから、毎年プレゼンの講座を開き、たくさんの人に教えるようになっていきました。

でも、僕ははじめから人になにかを教えたり、伝えたりすることが得意だったわけではありません。これには、僕が人生全般に亘って、そもそもなにかを「身につける」ことが苦手だったことが関係していると思います。

実は、僕は試験というものがとても苦手です。

グローバル企業にいる者としては平凡な学歴だし、勉強に限らずどんな試験でもよく失敗してしまう。たとえば、僕はスキーの正指導員の資格を持っていますが、何度も失敗をしたあげく20年をかけて取得しています。空手もいまでこそ黒帯ですが、30歳からはじめて時間をかけて上達しています。様々なものごとを「身につける」ために、いつも膨大な数の失敗を重ねているのです。

しかし、僕はこの経験こそが、いまのプレゼンを教えるという仕事に直結していると考えています。なぜなら、**最初からうまくできる人は、自分がうまくできる理由がよくわからないし、人がうまくできない原因もわからないことがよくある**からです。だから、人に教えていても「なんでできないの?」などといってしまう。でも、これは教え方としては最低でしょう。

もちろん、うまくできる理由を言語化して教えられる人はいます。

スキーを例にするなら、「こんなときは板がこう走るから、ここで股関節を曲げるとうまくターンできるよ」などと説明はできるかもしれない。でも、ややもすれば理屈が先行して、できない人にとってわかりづらい場合がとても多いのです。

でも、僕は自分が何度やってもできないタイプだから、できない人の気持ちまでわかります。

「この瞬間に怖いと思ってここに力入れたでしょ？　わかる、僕もそうだった」

「だったら、騙されたと思ってこうしてくれる？　大丈夫、死なないから！」

そんなふうに、相手の気持ちにまで深く共感して伝えることができるし、そうしていちど成功体験をすると相手はもの凄く上達して、心からよろこんでくれるのです。

僕はいつもそんな感じだったので、最初は仕事でも大変でした。

文系出身でプログラミングの基本も知らない状態でプログラマーになったので、最初からまわりと凄い差がついていたし、いまの会社に入ってもまわりはトッププログラマーばかりで、これまた驚くほどの実力差が開いていました。

そのため、日々苦労して、失敗や挫折を繰り返して、「とにかくみんなに追いつこう」と思いながら必死に仕事をしていたのです。

「自分に価値がある」という、健全な自己肯定感を持つことは大切ですが、その意味では、当時の僕は、自己肯定感が低い人間だったと思います。

僕はずっと自己肯定感が低かった

僕の自己肯定感が低かった理由は、おそらく子どものころまで遡ります。

ただの被害妄想かもしれませんが、まず僕は「まどか」という名前だったことから、「親は女の子がほしかったんだ」とずっと思いながら育ちました。

もちろん親は否定しますが、ふたり男の子が続いて末っ子でまた男の子が生まれてしまい、考えていた女の子の名前をそのままつけたのだと疑っていたのです。当時は、男の子には男らしい名前をつけるのがふつうだったし、幼少期からピアノを習っていたのも、「男らしさ」からの乖離《かいり》を感じさせるものでした。

親の意図はさておき、自分自身で「期待外れの子ども」だという意識がずっとあったのです。

また、もうひとつ大きかったのが、友だちのつくり方がよくわからなかったこと。「友だちと一緒になにかをする」ということの意味自体がよくわからず、学校がとても苦痛を感じる場所だったのです。

「なぜこんなところに毎日通わされて、みんなと一緒の時間を過ごさなければならないんだろう」

そんなふうにずっと感じていました。

学校では、集団活動という名目でみんなとまったく同じことをさせられます。たとえば、同じように整列させられて、同じ話を長々と聞かされ、授業を同じスピードで受けさせられ、運動もチームスポーツばかりをやらされる。まさに同調圧力に徹底的に晒《さら》される場所が学校であり、それが僕は嫌で嫌で仕方がなかった。

そもそも僕は運動が得意ではなかったので、うまくできないコンプレックスもあったと思います。とにかく、みんなと同じことをするのが苦手で、とても不快なことでした。

すると、そんな子の居場所は、やはり〝自分のなか〟になります。たとえば、ひたすらぼーっと空想したり、ずっと図鑑を見ていたりすることが僕は好きでした。親は本を買い与えてくれたし、家に父の図鑑なども揃っていたので、子どもなりにそれらを眺めて、「こんなかたちの生き物がいるんだ」「こんな乗り物があるんだ」と、その世界に没頭するのが圧倒的に楽しかった。

これらのことは、僕の性質の大きな部分をかたちづくっていると思います。

ひとりで空想したり、図鑑を読んだりしている最中は、他人と比べられることがありません。でも、学校では一律に同じことをやらされて、他人と比べられて、しかもごていねいに点数までつけられて……「おまえは劣っている」などと判断されてしまう。

そんなことに、僕はとても強い嫌悪感を抱いていました。

ひとりの「個人」として生きる気持ちよさ

鬱々《うつうつ》とした学校生活は、中学生活が終わるまで続きました。僕は本や図鑑を読むことが好きで、勉強も比較的できたほうでしたが、なにしろスポーツや集団行動が苦手なので学校生活が楽しいわけがありません。

ただ、比較的自由な校風の高校に入学したことで、少しずつ多様な能力が評価される環境もできました。物心ついたときからピアノを弾いていて、中学生でギターもはじめてそれなりに弾けたことで、バンド活動で重宝されるというラッキーな時代がやってきたのです。

自分の得意なことをやっていいんだ！

そんな空気や価値観を少しだけ感じられたことは、この時期のひとつの収穫でした。とはいっても、学校生活が快適だったかといえばそうでもなく、相変わらず「学校って窮屈《きゅうくつ》なところだな」と感じながら毎日を過ごしていました。

大きかったのは、高校2年のときにアメリカのオレゴン州に約1カ月ホームステイで滞在した経験です。そのときのホストファミリーが素晴らしく温かい人たちで、彼らと過ごすのがとても楽しかったのです。

なによりも感激したのは、彼らが僕のことを、ひとりの「個人」として扱ってくれたこと。コミュニケーションも上手な人たちで、僕はカタコトで異文化に触れているだけなのに、きちんとその言葉や考え方を、人格も含めて受け入れてくれました。

個人として生きるのは、こんなにも気持ちのよいことなんだ。

そんな自由とでもいうべき感覚を、とても強く感じた経験になりました。そのホストファミリーとは、いまでもつながりがあります。

だからこそ、帰国すると「やっぱり自分のいる環境は窮屈なんだな」と感じた。早々に強い同調圧力の存在を感じたし、場所や環境による程度の差こそあれ、みんなと同じであることを求められる空気は同じでした。

僕はよく、「なにをきっかけにいまのようになったのですか？」と聞かれることがあります。でも、ある日を境に「これだ！」と気づいたわけではありません。むしろ、**人生における様々な小さな経験や体験のすべてが、緩やかに集合体となっていき、その果てにいまの自分の「在り方」が存在している**気がします。

もちろん、ホームステイの経験もそのひとつです。子どものころから持っていたまわりの環境に対する違和感、苦痛だった集団生活、そしてホームステイでの自由で心地よい関係性。「ネガティブな感情だから」と無視するのではなく、そうした経験すべてを自分の成長のために使おうとすること。

そんなことが相まって、自分の将来を自分の頭で考え、自分で選び、自分で行動するという、ごくあたりまえのことをして生きることにつながっていったのだと思います。

何度も挑戦して得た結果に価値を求めない

高校を卒業すると、僕は自分がまだなにをしたらいいのかがわからず、運送会社でアルバイトをはじめました。要するに、フリーターになったわけです。

もちろん勉強もしなかったのですが、秋になって父親から「大学くらいは行ったほうがいい」というアドバイスを受け、そこから勉強して進学しました。そのため、大学進学は、僕の成功体験にまったくなっていません。なぜなら、結局のところ浪人して進学したに過ぎないからです。

こんな考え方を不快に感じる人もいるかもしれませんね。でも、僕は浪人というのはただもういちどやり直しただけのことで、それで得た結果にどうしても価値を見出せなかったのです。失敗することなく、一発で合格したのなら価値はあるかもしれない。でも、何度も繰り返しチャレンジして得た結果などに、その当時の僕は価値があるとは思えませんでした。

自分に対しては、とくにそうです。

「失敗しているのだからそもそも才能がないんだよ」

そうして、自分を突き放して見ていたのです。

ただ、こんな僕の性格や考え方は、以後のキャリアを通じて結果的にいい方向へ働いたのかなと感じることもあります。なぜなら、なにかの失敗をしてそこから学んで次に成功したとしても、その成功に対してこだわりや満足感を持つことにつながらなかったから。

「やり直してうまくいっただけじゃないか」

そう思うと、その結果の成功なんてどうでもよくなってしまいます。そのため、いつまでも過去の業績や成功にこだわったり、しがみついたりすることにならないのです。

逆にいえば、**成功にこだわらなければいくらでも失敗することができます。**

そして、その失敗から教訓を得て、さらに前へ進むための原動力に変えていくことができるのです。

「自分の頭で考える」から仕事になる

「出身大学は、東京ディズニーランド大学です」

そういっても過言ではないほど、僕は大学生のときはずっとディズニーランドでアルバイトをしていました。「トゥモローランドへようこそ！」と、毎日人前で声を出して働いていたわけです。

ディズニーランドで働くきっかけは、2番目の兄からの紹介でした。彼は根っからの自由人で、高校卒業と同時に日本各地を転々としたり、ユースホステルに住み込みで働いたりしていました。そして、数多くの場所を巡ったあとに、職場として落ち着いたのがディズニーランドだったのです。

ディズニーランドで働いた経験は、僕にとって非常に学びが大きいものでした。

まず、キャスト（スタッフ）のマニュアルや、そのロジックが凄かった。僕はそれらを理解するのが楽しくて、すっかり引き込まれてしまいました。

一例を挙げると、ディズニーランドのマニュアルには「例文」が存在しません。たとえば、お客さんとの会話には「否定語を使ってはいけない」と書かれています。しかし、そのサンプルとなる例文が一切書かれていないのです。

ということは、「具体的にどのように話せばいいのか」「こんな場合はどうすればいいのか」「それはなぜなのか」といったことを、すべて自分の頭で考えなければならなくなる。

つまり、キャストに求められる「結果」は定義されているけれど、それを達成するための「アプローチ」に決まったものはなく、すべて自分で考えて見出していかなければならなかったわけです。

そして、それができない人は解雇される。

そんなシンプルな仕組みに、とても惹かれてしまったのでした。

社会人になったあともスポット勤務で時々呼ばれていたので、足掛け4年以上は働いたことになります。とくにディズニーアニメが好きなわけでもなく、それよりもお客さんの目の前で話をして、実際にお客さんに動いてもらったり、なんらかのメッセージを伝えたりして働くことが大好きでした。

雰囲気や世界観が面白い場所だし、なによりも「たくさんの人をよろこばせる」仕事です。僕のプレゼンのうち、基礎となる大切な部分の多くは、ディズニーランドで育まれたと思っています。

直感に基づく決断は人生をも変える

大学卒業時はバブルの直後で、どこでも内定が取れるような時代でした。僕などは名前で勘違いされて、生命保険会社のセールスレディの案内まで郵送されてきたほどです。いまでは考えられませんよね。いくらでも仕事はあったし、とくにしたい仕事もなかった僕は、なんとなく保険会社の採用面接を受けて某生命保険会社に内定をもらいました。

ただ、年末になってふと、その会社で働くことに興味が持てていない自分に気づいてしまった。そこで、結局内定を辞退し、就職活動をし直すことにしました。

では、いったい僕はなにがしたいのか？

不思議なことに、そのとき直感したのです。

情報系の仕事をやっておいたほうがよさそうだ。
そうだ、エンジニアになろう！

なんらかのロジックがあったわけではありません。ただ、**近い将来、情報系の知識やスキルがないと「恥をかくだろう」と本能的に感じた**のです。完全な文系人間だった僕にとって、エンジニアはまるで別世界の仕事でした。

それでも、ただの「直感」でエンジニアになろうと決めたのです。

いま思い返すと、そんな直感につながるような背景は、いくつかはあったと思います。まず、僕は大学の一般教養課程で、「情報処理理論」を1年履修していたことがありました。そのとき教わった先生がとにかく変わった風貌で、コンピューターオタクの走りのような感じだったのですが、「コンピューターとはなにか」という話をよくしてくれて、それがとても面白かった。なぜ面白かったかというと、とにかく凄くわかりやすかったから。

たとえば、「端末《たんまつ》があって、メインフレームがあって、それらのあいだを針金でつないで、その先にある巨大計算機で考えた結果がここに出てくる」みたいな説明をするわけです。通信ケーブルといわず、あえて「針金」なんていう。この先生の話がとてもわかりやすくて、「なんだ、コンピューターって意外と面白いな」と思ったことがありました。

また、いちばん上の兄が初代のＰＣ‐８００１を触っていたので、実は家にコンピューターがありました。もちろん、僕自身はさっぱり使い方がわからなかったけれど、コンピューターの姿かたちは知っていたので、コンピューターに対するアレルギーもそれほどなかったと思います。

さらに、就職するころは、世の中にちょうど「文系ＳＥ」なるキーワードが出はじめたころでもありました。

そして、極めつけが、映画『００７』に登場するＱというキャラクター。エンジニアとして活躍するその姿を観て、「カッコいいな！」と思ったのです。

そこで初心者でも採用している会社を探し、某生命保険会社のＩＴ子会社に入社しました。そして、その会社でコンピューターの基礎を学ばせてもらい、人脈もつくることができた。僕はいま思い返しても、あのときの**「直感」に基づいて下した判断は、人生において決定的に正しい判断だった**と感じています。

いまのうちにコンピューターをやっておけば、わからない人に教えることができるだろう。いやらしい言い方をすれば、「いまのうちにやっていれば自慢できるだろう」。そう直感したのでした。

好奇心を持つことがプレゼンの質に直結する

結果的には、エンジニアになった数年後にインターネット時代が到来し、あのときの直感のように、幸運にもテクノロジーについて一般の人に広く紹介するという仕事のニーズが高まることになりました。

このような経緯で、冒頭で触れたいまの僕のプレゼン（セールスマネジメント）の仕事へとつながっています。

そんな僕ですが、多くの人に「もともとプレゼンに向いていた素質があったのでは？」と聞かれることがあります。

これについては、**僕が持っていた素質のなかで、実際にプレゼンで役に立っているのは、なんといっても「好奇心」**でしょう。子どものころから、僕は図鑑ばかりを読んで知識を溜め込んだり、そんな知識をつなぎ合わせて体系的な知識にしたりすることがとても好きでした。

また、「ねえ、これ知ってる？」と、誰かに知識を教えるのも大好きでした。子どもながらに、誰かにアウトプットすることを頭に思い浮かべながら、いろいろな本をがんばって読んでいたような気がします。

そして、その好奇心がそのまま、いまは未来のテクノロジーなどに向いているわけです。たとえば、**開発途上のテクノロジーの情報のかけらを集めて、「これって、こういうことなんじゃないかな？」と仮説を立ててみる。そんな思考の営みが、結果的にプレゼンの質の向上につながっている**と捉えています。

もちろん、後天的に身につけた資質として、練習と経験の要素は大きいと思います。

やっぱりディズニーランドで人前で話す経験をたくさん積んだり、ＩＴ企業の定期的なイベントで、テクノロジーについて話すことを義務づけられたりしていると、話すことには慣れてくるものです。なにより「恥をかきたくない」と思って、自分なりに様々な工夫もします。

そんな試行錯誤を通じて、少しずつプレゼンが得意になっていったのだと思っています。

すべての責任を自分で取る生き方を目指そう

ここまで書いてきたように、僕はこれまで学校生活や社会人生活をとおして、常に「自分がどのようにありたいか」「自分はどのように生きたいか」と考えながら生きてきました。

こうした姿勢や考え方は、巷でよくいわれる「自己ブランディング」につながるものなのかもしれません。「自己ブランディングが大切だ！」なんて研修で耳にしたり、本で読んだりしたことのある人もきっと多いはずです。

僕自身は、「自己ブランディング」をこのように捉えています。

自己ブランディング＝メソッド

自己ブランディングは、あくまで方法に過ぎないということ。

たとえば、僕がビジネスパーソンであるにも拘わらず、ロングヘアーのままでいるのは、「自分がどのようにありたいか」を追い求めた結果として自分で選択した、ひとつの行動に過ぎません。

つまり、**自己ブランディングについて考えるときにコアになるのは、やはり「自分はどうありたいか」**なのです。それを徹底的に追求した結果として、特定の行動が引き出されたり、採用されたりするということです。

しかし、自己ブランディング自体が目的になったり、基準が他者にばかり向いていたりする場合が多いことには注意が必要です。

たとえば、ある組織のなかで「自分はどのあたりに位置するのか」を示すことが自己ブランディングになっているケースは、残念ながらとても多く見られます。いわゆる、会社名や職階などの〝肩書き〟ですね。会社から付与された肩書きが、そのまま自分のブランドになっているわけです。でも、それでは、会社が潰れるとその人はノーブランドということになってしまう。

「ブランドになる会社に入れたのは事実じゃないか」という人もいるのかもしれませんが、いまのように変化が激しく、未来も不透明化している時代には、数年前に入社した事実などにたいした意味も効力もありません。

そのような固定化したキャリアの捉え方自体が、時代から取り残されている証拠でもあるでしょう。

結果的には、「自分はこうありたい」と考えたときに、自己ブランディングをすることができず、ありたい自分に近づくことができないのも事実です。

つまり、自己ブランディングとは、「自分はこうありたい」というものを言語化することであり、同時にそれを明確な行動に落とし込んで、自らが実行するという「生き方」のことなのです。

「自分はどうありたいか」を言語化する
↓
自己ブランディング＝メソッド
↓
生き方

ネットなどを見るとよくわかりますが、自己ブランディングができていない人たちは、気にくわないことがあると、誰彼構わずすぐに噛みつきます。これは、嫉妬ややっかみを一方的に発散しているだけで、「意見がぶつかる」ことはまるでありません。

しかし、**自己ブランディングができている人同士の場合は、意見が異なると真っ当な議論を通じた本気の「戦い」になります。**なぜなら、自分の発言にすべて責任を取らなければならないし、反論される可能性も受け入れている状態にあるからです。

「自分はこういう考えを持った、こんな人間なのだ」と宣言することも含めて意見の発信を行うのが、本来あるべき自己ブランディングの姿勢なのだと思います。

そして、こうした姿勢は、僕は「どのような姿勢で仕事に向かうか」ということに直結していると考えています。つまり、僕がビジネスパーソンのみなさんに伝えたいのは、このことです。

すべてのことを「自分で責任を取れる」状態にする。

つまり、自己ブランディングというのは、自己責任をどう取るのかという「腹のくくり方」のことなのです。

すべての責任を自分で取ることは、一見怖いように思えるかもしれません。でも、実はこれほど気持ちいいこともありません。だからこそ、もしいま仕事などでなにか鬱屈《うっくつ》した思いを感じている人がいたら、僕はこう強く伝えたい。

「自分が矢面に立って、自分で考えて、自分で決めて、自分で行動すればいいんだよ」

そうして、自分が生きてきた爪跡を残していったほうが、人生はもっと楽しくなるのではないかなと思うのです。

相対評価ばかりを気にするのではなく、自分を思い切り肯定して生きることです。

子どものころにあれだけ自己肯定感が低かった僕が、たとえ時間はかかっても、自分の在り方をポジティブに認めて生きられるようになったのだから、僕はどんな人にもハッピーに生きられる可能性はあるのだと信じているのです。

伊藤羊一

「対話」して心を動かす

【行動編】

相手と想いを分かち合うために、
相手のことを知り、
相手の気持ちを「妄想」する。
そうして本気で相手と向き合えば、
必ず人の心を動かすことはできる。
プレゼンは「対話」なのだから

プレゼンとは相手を「動かす」こと

聞き手になんらかの情報を「伝える」こと、それを「プレゼン」だと思っている人はたくさんいます。

しかし、僕は**プレゼンとは、相手を「動かす」こと**だと考えています。

たしかに、聞き手を「動かす」ために伝えることにはちがいありませんが、あくまで「動かす」ことが最終的なゴールだからです。そのために必要なすべてのことをやるということです。

その意味でいうと、聞き手を「動かす」ためにもっとも大切なのは、そのプレゼンによって「なにを実現したいのか」ということではないでしょうか。**プレゼンが終わったときに、聞き手がどんな状態になっていればゴールなのか――。そのことを突き詰めて考えることが必要**です。

たとえば、ある商品を売りたいのであれば、実際にその商品を顧客が購入するのはもちろんのこと、それを使って満足のいく生活を手に入れている姿をイメージすることです。また、なにかの想いを伝えるのであれば、その想いに共鳴した聞き手の考え方や、人生そのものが変わっていくことがゴールになるでしょう。

そして、相手を「動かす」ためならば、言葉はもちろんのこと、表情や振る舞いなどすべてを総動員して臨む。もっといえば、事前の根回しだってするし、プレゼン会場のステージでカッコ悪く見えたっていい。

そんなことすべてを含めて、僕はプレゼンだと捉えています。

相手を「動かす」ために考えるべきことは、ふたつあります。

1　相手は誰なのか
2　ゴールはなにか

このふたつを事前にはっきりと言語化し、常に相手が置かれている状況や、相手が目指すゴールをイメージしておくことがとても重要なのです。

このとき、たとえなにが正解かが明確にわからなくても、自分で考えたゴールのイメージ（仮説）を言語化しておきましょう。なぜなら、プレゼンで使うすべての言葉や振る舞いは、そのゴールのイメージ（仮説）に沿ったかたちで出てくるものだからです。これを言語化していなければ、メッセージがぼやけたり構成の軸がぶれたりして、たとえ希望に満ちた未来を語ったとしても、どこかふわふわしたものになってしまいます。

相手を動かすにはゴールをイメージしながら話す

目指すゴールをイメージすることは、あたりまえのようでいて、意外と多くの人ができていません。でも、別にプレゼンに限らず、これはすべての仕事にあてはまることでもある。

たとえば、僕がウェブメディアのインタビューを受けるときは、必ず最終的にアップされるウェブサイトの画面をイメージしながら話しています。すると、「この項目立てで話せばこのあたりで次のページにいくかな」「このへんで少し具体例を入れておくと、面白いエピソードで雰囲気が変わるかな」「最後は明るめの写真と一緒に、未来に向けての話がいいかな」というように、話す内容のすべてをそのイメージ（仮説）に沿って組み立てることができます。そして、最終的にアップされたサイトを見た読者が、どのような気づきを得られるのか。それは「動こう」と思えるものなのか。そんなことをイメージしています。

これはつまり、**仕事のゴールをイメージしたうえで、全体を設計する**ということです。

そして、そのゴールを自分が伝えているあいだは、常にリアルタイムで妄想し続けて、考えると同時に話していく。すると、いいアウトプットができるようになります。

なぜなら、あらかじめ決めた自分の意見というものは、まだ「素材」に過ぎないから。これをそのまま伝えても、相手は「いきなり主張が飛んできたな」と戸惑うだけで、動かされるわけもありません。どれだけ情熱的に語ったとしても、それは話し手のひとつの意見・見方・考え方に過ぎないのです。

しかし、たとえ仮説であってもゴールをイメージしながら話すことで、人は素材を、相手に合うように料理しながら伝えることができます。また、相手の反応をしっかり見ながら話すことで、話す順番やエピソードも臨機応変《りんきおうへん》に変えていくことができるのです。

だからこそ、最終的に相手は納得感を持って、自ら動いてくれるようになる。

常に妄想《もうそう》し続けるというのは、しっかりとていねいに話しながらも、その状況を第三者の目線から、客観的に俯瞰《ふかん》するということなのです。

相手になりきって「妄想」する

自分の主観的な意見とともに、客観的な視点を持ちながら話すということ。

いざプレゼンになると、この「主観 対 客観」の割合が、多くの人は「10対0」で客観の視点がまったくなく話しています。もちろん、主観が強くなければ言葉に力が入らなくなるので、主観を大事にすること自体はいいのですが、僕の場合は「7対3」くらいのイメージで、客観的な視点も明確に意識しています。

そして、ここが少しややこしいところですが、これは単に、「話に主観と客観を取り入れてバランスを取る」ことではありません。

そうではなく、自分の主観を思い切り強くしたうえで、次に、方向性がちがう客観性も強くして、両方を強いままで成り立たせることを僕はいつも意識しています。これが成り立ったときこそ、とてもいいアウトプットができるからです。

だからこそ、強い主観と同じくらいの客観のパワーをぶつけるために、こんなことが大切になります。

他者になりきって妄想する。

これはプレゼンに限らず、ビジネスやマーケティング全般にあてはまることだと考えています。供給側の論理で話をするのではなく、お客さんが「いまなにを感じているのか」「なにを知っているのか」「どんな気持ちなのか」。そんなことを、常に感覚として持てるかどうかが重要なのです。

そして、それはもう徹底的に「妄想」することでしかわかりません。

かつて僕はマーケティングに携わっていたので、データの重要性はわかっているつもりです。気づいてなかったものごとの連関性を、データから見出すようなことはたしかにあります。

それでも、最初に、お客さんに「いまこれを届けたい！」という直感や意志がなければなにもはじまらないし、その意志がお客さんに受け止められるかどうかも感覚によって妄想（想像）するしかありません。

だから、僕はうまくいく仕事は、おおよそすべてこのような経路を辿ると見ています。

主観→客観→主観

どんな仕事も、まずは主観的に考える。強い「想い」で考える。でも、それだけでは説得力がないので、客観的なデータやロジックで検証する。そして、最後は人を「動かす」ために、また主観で押していく。この主観には「直感」の要素も含まれますが、いずれにせよ、人というのは感情を揺さぶられるからこそ、自らの意志で動こうと思うわけです。

この組み立てのわかりやすい例が、「テレビショッピング」です。

「みなさん！　腰の痛みってなんとかならないもんですかね」「そこで今日ご紹介するのは、これ！」と、人の行動に影響力を与える要素から入りながら、途中でデータを入れて「納得感」を織り交ぜる。そして最後は「お電話はいますぐ！　あと30分で終了ですよ！」と感情に訴えかける。

僕は常々、テレビショッピングには人を「動かす」要素が詰まっていると感じています。

相手の「心のキャンバス」に絵を塗り重ねていく

あなたが、自社製品のコーヒー飲料を、プレゼンによって広くアピールしたいとしましょう。すると、これまで書いてきたように、いきなり「自分のいいたいこと（主観）」を並べても、相手の頭のなかには入っていきません。むしろ、その商品の説明や売り文句を並べれば並べるほど、聞き手はどんどん興味を失っていくでしょう。もっとていねいなアプローチが必要なのです。

そこで、なんらかのゴールをイメージしたうえで、相手のいまの状態を妄想（客観）し、相手の反応を見ながら臨機応変に伝えていくことになります。そこには定型的な「ストーリー（流れ）」は、基本的にはありません。

もちろん、のちに紹介する「結論を最初にいったあとに根拠をつける」などの基本的な構成のフレームワークは存在しますが、僕自身は事前にストーリーの型をまったくつくらずに、その場その場で考えながらプレゼンをするようにしています。

では、どのようにその都度考えて話していけばいいのでしょうか？　僕はプレゼンの基本方針として、いつもこのように心がけています。

相手の「心のキャンバス」に絵を塗り重ねていくように話す。

わかりやすく、実際のプレゼンのシチュエーションを使って、順に説明します。まず、このような言葉からプレゼンをはじめていきます。

1　「今日は飲み物の話をします。それはコーヒーなんです」

まず、もっとも大きな話のテーマを、聞き手に示すことからはじめます。これが、相手の心のなかのまっさらな「キャンバス」になります。

2 「でもコーヒーといっても、コンビニで売られている100円コーヒーもあれば缶コーヒーもあれば、ペットボトルのコーヒーもありますよね」

続けて、相手のキャンバスに描いた「コーヒー」のイメージを、少しずつ絞っていくように話をしていきます。すると、相手はコンビニのコーヒーや缶コーヒーを、自分の感覚や記憶をもとに思い浮かべていきます。

3 「ペットボトルのコーヒーにも、いまたくさんの種類があります。そのなかで僕がいちばんおすすめするのが、実はこれなんです」

ていねいに聞き手の頭のなかの情報をサポートしながら話すことで、聞き手の頭には「ペットボトルのコーヒー」という「ベン図」のようなものができあがっていきます。そうなると、次に聞き手は、ペットボトルのコーヒーを比べたくなります。

4 「なぜなら理由が3つありまして、まずひとつめは「安い」。なんと500ミリリットルで100円なんですよ」

聞き手が「ペットボトルのコーヒー」を自分なりにイメージしながら、話を聞ける態勢ができてから、その商品のメリットをひとつずつ伝えていきます。

もうおわかりでしょうか？

つまり、ストーリー（流れ）というものは、聞き手のなかに、「いまからこの話をしますよ」「考えるときの枠組みは3つありますよ」「3つの枠のひとつめはこれですよ」と、まさにキャンバスに薄く絵を塗り重ねていくように、ていねいに伝えていくことなのです。

先に「定型的なストーリーはない」と書いたのは、テーマや聞き手やその場の空気感などによって、ストーリー（流れ）は常にリアルタイムで変化していくからです。

そして、よいプレゼンと悪いプレゼンの分かれ目は、まさにここにあります。

その場にいる人すべての「心のキャンバス」に、同じ絵を描けるかどうか。

このことが、とても大切になります。同じ絵を描いてあげられるからこそ、最終的に相手がきちんと理解し、実際に「動ける」ようになるのです。

聞き手によって「受け取り方」はすべて異なる

この、相手の「心のキャンバス」を意識しているかどうかで、あなたのプレゼンでの話し方は決定的に変わります。

相手の心のキャンバスを意識するということは、当然ながらそのときの相手の表情やうなずきなども注意深く見ながら話すということです。

たとえば、先の例でメリットを伝えたときに、「へえ〜」という雰囲気になれば、その部分をさらにエピソードで膨らませるという選択肢が生まれるでしょう。あるいは、このメリットはもう伝わったことにして、先に進むという判断ができるかもしれません。

逆の反応があったときも同じです。

一応うなずいているけれど、なんとなく反応が鈍くて話についていけていない雰囲気を感じたら、すぐに追加の説明をしなければなりません。なぜなら、「絵の具ののりが悪い」ということだからです。

もっというと、相手がイライラしはじめたとしても変わりません。

そんなとき僕は、「いまちょっとまずいこといっちゃいましたかね?」「ひょっとしたらわけがわからないって思われたかもしれませんが」と、素直に言葉を投げかけるようにしています。つまり、相手の状態をうまくつかめないときは、素直に聞いてみればいいのです。

すると、必ずなんらかのフィードバックをもらえるので、「ごめんなさい。それはそういう意味ではなくて……」と返していくことができます。

でも、多くの場合、そんな聞き手のシグナルを無視して話し続けるために、話し手と聞き手の距離がどんどん離れていくわけです。

大切なのは、「相手によって受け取り方はすべて異なる」ことをきちんと認識することです。

先に書いたように、聞き手の心のキャンバスすべてに「同じ絵を描く」ことは、プレゼンをする側にとっての大前提です。ですが、どれだけていねいにプレゼンをしたとしても、結局は、相手が持っている色でしかキャンバスに色は塗れません。なぜなら、聞き手はその話を自分の体験や感情に変換して想像するからです。要するに、自分の人生のなかでしか理解できないので、同じ話でも三者三様の受け取り方になる。つまり、相手の彩《いろど》りをきちんと観察しながら、絵を塗り重ねていくのがプレゼンだということです。

ただ、聞き手によって伝える内容まで変わってしまったら目的を果たすことができなくなるので、「最低限押さえておきたいポイントを強調する」くらいのイメージで、「キャンバス」に同じ絵をていねいに塗り重ねていくわけです。

その意味では、プレゼンは事前準備をしっかりして、いろいろな選択肢を手元に置いておくことが重要になります。

かつ、本番では準備したものをすべて話すのではなく、その場の空気感や聞き手の反応によって、その都度内容を変えていくことがとても大切です。

これは、実は特別難しいことではありません。なぜなら、みなさんは日頃から、同じことを様々な場所で行っているからです。それは、こういうことです。

プレゼンは相手との「対話」である

「プレゼン」と気負って難しく考える必要はまったくないのです。

その場その場で、相手と「対話」をするように、お互いの反応を交わし合っていけばいいだけのこと。そうすると、論理的に話すというよりも、心と心のキャッチボールをしているような状態に近づいていきます。実は、みなさんはこれを毎日、一対一の関係では何度も行っているはずなのです。

プレゼンは相手との「対話」だと考えて、勇気を持って自分の想いや考えをていねいに話していくこと。ＡＩの音声が話しているかのように言葉を発するのではなく、常に相手の反応を見ながら、話す内容や声や表情も変えていく。その場にいる人たちと、そんな「対話」ができるかどうかが、まさにプレゼンの成否《せいひ》を左右します。

結局のところ、いくら論理的に話したところで、相手のなかにうまくイメージが湧かなければプレゼンの内容は理解できないし、ましてやそこから動くことなどできません。プレゼンのストーリー（流れ）というものは、相手の心のなかのキャンバスの描かれ方によって、１回１回変わっていくものなのです。

だからこそ、「人前で話さないといけない！」と気負わずに、「対話すればいいんだ」と、余裕を持っておくのはとても大事なことだと思います。

現在→過去→現在→未来

ここまで、プレゼンを成功させるうえで、もっとも大切になる考え方と、それを実践する方法について紹介してきました。

ただし、先に少し触れたように、「人を動かすプレゼン」に共通する、基本的な構成のフレームワークは存在します。ここではあなたのプレゼンの成功率をより高めるために、必要なノウハウを簡潔に紹介していきましょう。

まず、僕がプレゼンをはじめ、議論のファシリテーションなどをするときにも心がけているフレームワークがこれです。

現在→過去→現在→未来

これは、広報コンサルタントの平野日出木《ひらのひでき》さんが『「物語力」で人を動かせ！』（三笠書房）で提唱しているフレームワークです。これを意識してプレゼンや議論を組み立てれば、より説得力を強めることができます。

先に、プレゼンは「人を動かすこと」と書きました。すると、もっとも大切なのは、当然ながら未来のアクションです。つまり、**プレゼンでは未来について、その行動の**

契機となるビジョンを語る必要があるわけです。

しかし、未来はそれ単独で存在しているわけではありません。あたりまえですが、未来はこの「いま現在」とつながっているものです。したがって、現在のことを語らずに、「未来はこう変わろう！」なんていっても、説得力が生まれません。**未来というものは現在の延長線上にある**のです。

たとえば、自動車会社を例に挙げると、「自動車はもはや『買って乗るもの』ではないかもしれない」という現状があるからこそ、「モビリティの仕組み全体をつくる会社になる」という未来のビジョンが生まれるわけです。現在の延長線上にある未来とはこのような意味であり、現在とつながっていない未来をいくら語ったところで、夢はあっても説得力はありません。

では、その**現在はどこから来ているのかといえば、必ず過去から来ています。**

たとえば、「これまで自動車は『買って乗るもの』だと思われてきた」ということですね。そんな過去の姿を正しく知ることで、いま現在のようになった「理由」を、説得力を持って伝えられるわけです。過去の話は、多かれ少なかれみんなが経験していることなので、その場で共有しやすい素材でしょう。

そして、**プレゼンや議論では、いきなり未来や過去の話をするのではなく、まずみんながいま共有している「現在」の話から入るといい。**そこから過去に向かっていき、現在のようになった理由を探っていく。そのうえで、ふたたび現在に戻ってくる。

このようなプロセスを辿ることで、現在を「再解釈」することができて説得力が高まります。同じ現在のことを語っていても、いったん過去を踏まえることで、見えなかった理由が明らかになって現在の見え方がまったく変わるのです。

そして、そんな話を情報として示してから、最後に「未来をどうするべきか」を語っていきます。すると、プレゼンの結論に説得力が増し、議論なども深まり、いいかたちで未来の話へ誘導することができるのです。

これは、個人の人生の話でも同様です。

過去を振り返って、「あれはつらかったな」「このときは楽しかったな」だけで終わっていてはダメだということです。

その出来事が「自分にとってどんな意味があったのか」を考えるのが、「過去を振り返る」ということ。そのように振り返るからこそ、いま現在の状態をより正しく認識することができます。

そして、それを自分の将来の道筋《みちすじ》に有効に活かすことができるのです。

「AIDMA」で整理すれば、相手の気持ちを動かせる

次に、僕のプレゼンの骨格の部分に使用している、いわばプレゼンの「設計図」ともいうべきフレームワークをお伝えします。

それが、マーケティングのフレームワークとして知られる「ＡＩＤＭＡ（アイドマ）」です。「ＡＩＤＭＡ」は、広告や宣伝の世界で使われるもので、消費者がモノを知ってから、購入に至るまでの心理プロセスを表したものとして知られています。

A　Attention（注意）
I　Interest（関心）
D　Desire（欲求）

M　Memory（記憶）

A　Action（行動）

このフレームワークに従えば、相手を「動かす」プレゼンの設計図を描くことができます。

A　Attention（注意）

◆スッキリ・カンタンな言葉で引きつける

まず、プレゼンでは相手の注意を引くことが必要です。いわゆる「つかみ」もこれに含まれますが、最初だけ注目させても意味がありません。大切なのは、プレゼン中ずっと注意を向け続けてもらうことです。

そこで、聞き手を迷子にさせないために、言葉づかいや資料のスライドなど、すべての要素で「スッキリ・カンタン」を心がけましょう。たとえば、言葉はとにかく文字数を減らして、短く言い切ることが大切。**「基本的に～」「～の観点で」といった余計な表現はどんどん削り、中学生でも理解できる言葉だけを使います。**

また、**スライド作成の原則は、「1スライド・1メッセージ」**。僕がスライドをつくるときは、先にひとつのメッセージだけでスライドをつくっていき、文字のみのスライドを読むだけで意味をなすかどうかをたしかめてから、図表などをあとから加えていく方法にしています。

I Interest（関心）

◆結論＋根拠＋たとえば

聞き手に関心を持ち続けてもらうには、「うん、うん」とうなずきを繰り返してもらえるような、理解しやすいロジカルな骨組みが必要です。

そこで、とくに**説明部分は、「結論＋根拠＋たとえば」を意識して組み立ててみましょう**。まず「結論」を伝え、次にその「根拠」を示し、最後にその例となる「たとえば」をつける。すると聞き手は、結論をてっぺんにして、話の骨組みがつながったピラミッド型で、ストーリーをロジカルに理解することができます。

注意したいのは、**ここでいう「結論」とは単なる知識や情報ではなく、知識や情報をもとにして導き出した「考え（主張）」**だということ。また、結論と根拠がつながっているかどうかは、最後に、「～だから（根拠）、～である（結論）」という文章にあてはめると確認することができます。

ちなみに、「根拠」は3つ挙げることを目安にするといいでしょう。

D Desire（欲求）

◆イメージを描いてもらう

シンプルにロジカルに伝えれば、その内容を理解してもらえます。ただ、それだけではなかなか動かないのが人というもの。そこで、先に書いたように、相手の「心のキャンバス」に、ていねいに色を塗り重ねていき、相手にイメージを描いてもらうプロセスが非常に重要です。

加えて、聞き手が思わず目を瞑《つむ》って、「いいねえ」と自分にあてはめてイメージできるような写真やイラスト、動画などのビジュアル素材を使ってもいいでしょう。

「想像してみてください」「もしこうなったら素敵だと思いませんか？」といった言葉を投げかけたあとで、ビジュアルをスッと挟むなど、聞き手に「イメージに入ってきてもらう」アプローチも効果的です。

M　Memory（記憶）

◆超ひとこと

人は「いいねえ」と心が動いても、多くの場合、残念ながらそのことをすぐに忘れてしまうものです。そこで、自分が伝えたいことのすべてをひとことで要約した、「超ひとこと」を考えてみてください。

このとき**参考になるのが、CMのキャッチコピー**です。たとえば、森永製菓株式会社のチョコボールなら、「クエッ、クエッ、クエッ、チョコボ〜ル♪」と歌っていて、「とにかく食べて」といっているだけなのですが、凄く記憶に残りますよね？　このような一発で覚えてもらえて記憶から離れない、印象的なひとことを考えてみましょう。

A　Action（行動）

◆熱い想いで動かす

相手を「動かす」ためのプレゼンのフレームワークで、最後に必要になるのは話し手の情熱や「想い」です。これについてはのちに紹介します。

気づいてもらい、関心を持ってもらい、「いいね」と思ってもらい、覚えてもらい、熱い想いを胸に帰ってもらうこと。これが、僕の人を動かすプレゼンの骨格をつくっています。

軽々しく受けて、失敗し、振り返る

プレゼンの骨格を押さえたうえで、いいプレゼンに共通する、とくにアクセントとなる要素があります。それが、エピソードです。

ＡＩＤＭＡでいうなら、エピソードというのは、主にＩの「たとえば」にあたる部分に挿れるものであり、かつＤの「イメージ」を湧かせるものでもあります。プレゼンを聞いた人の印象に残すという意味では、この部分が重要な要素になることがよくあります。

では、聞き手の印象に残るエピソードは、どのようにつくればいいのでしょうか。

これについては、**「自分の経験に勝るものはない」**と考えています。なぜなら、自ら経験したものをもとにして語らなければ、深い説得力は生まれないからです。本やウェブサイトで情報を仕入れたところで、それはほかの多くの人も知っている話に過ぎません。もちろん、それらを読むこともひとつの経験ではありますが、他人が書いた本やウェブサイトにある記事を読むよりも、自分が経験したことのほうが、よりリアルな言葉で表現できるはず。

これはビジネスでも同じことです。人と同じ経験をしていては、差別化はできません。ちがいがあってこそオリジナリティが生まれ、それがユニークなビジネスにつながっていくのです。

あくまで、ふだんの自分の経験のなかからエピソードを集めて、ストックしておき、流れのなかで差し込んで使っていく。そんなサイクルを回していくためには、自分の経験をもっと増やしていく意識を持っておいたほうがいいでしょう。

では、どうすればそんな経験をたくさんすることができるのでしょうか？

それは、もうこれしかありません。

失敗すること――。

とにかく、恥ずかしい思いをたくさんする。

失敗すると、自分のなかで「あちゃー……」みたいな気持ちになるでしょう。その恥ずかしさや情けなさがあるからこそ、「次こそはうまくいくようにしよう！」と思ってがんばるわけです。僕は、ものごとはできれば成功したほうがいいとはまったく思いません。それよりも、とにかくどんなことでも「やってみること」が大切だという考えを持っています。

成功したらそれはそれで素晴らしいのですが、失敗したらそれよりも多くの学びを得られます。

いまの若い世代の人たちは、失敗したがらない傾向があるかもしれません。人から怒られたり、あきれられたりすることを恐れ過ぎている面があるようです。でも、それは本当にもったいないこと。

失敗する経験を積むためのコツは、どんなことでも「軽々しく引き受ける」ことに

あるかもしれません。そして、まずはやってみる。失敗して非難されるのが嫌ならば、非難されないためにどうすればいいかを一生懸命考えるのです。

不思議なことに、どんなことでも一生懸命取り組んでいたら、失敗してもそれほど非難はされないことがほとんどです。なぜなら、がんばっている人を人は責めにくいものなのです。


軽々しく受けて、一生懸命やって、失敗したら振り返る。


このサイクルを回していくと、やがていろいろなことが起きても、「別に大丈夫だ」「これくらいはどうにかなる」と思える自分になっていきます。

そして、実際にそれに対応できる力も少しずつついていき、同時に失敗から貴重なフィードバックを得られるので、実践的な力がどんどん磨かれていくのです。

そのような自分のなかの有機的なシステムが、ちゃんとできあがっているかどうか。

これらのことは、将来リーダーとして人になにかを伝えたり、動かしたりするときにも、欠かすことのできない大切な要素になるでしょう。

常に聞き手のことを思って「演じる」

ここまで、プレゼンは「対話」であるという大前提と、メッセージを伝えるための考え方や具体的な方法をお伝えしてきました。

それでも、「やっぱり話し方も大事なんじゃないの?」と思う人もいるでしょう。

プレゼンは決して流暢に話す必要はありません。ただし、僕は大勢の人の前で話すときは「表情を変える」ことは意識しています。なぜなら、大勢の人の前に立つときは、自分のほうにみんなのエネルギーを集中してもらわなければならないからです。プレゼンの場自体を自分が仕切らなければならないので、「こっちを見てくださいね」と注目してもらう必要があります。

でも、実際に「こっちを見てくださいー、聞いてくださいー」というのはあまりにカッコ悪いので……表情や動きや声の出し方などを意識して、それらを自然と行うのです。

具体的には、僕は**注目してもらうために、よく芸人さんをイメージして話します**。

「えー、ただいまから」で話しはじめることはなく、こんな感じでプレゼンをはじめます。

「どうも～!!」

もちろん、聞き手は「ん？　なんだ？」とちょっと驚きますが、舞台に立って話をするときは、そのくらいしたほうが注目されるし、みんなも聞きやすくなる。

漫才だって舞台に登場する際、「みぃなぁさん！　こんにちはぁー！」って勢いよく出てきますよね。高めのテンションが大事なので、「みなさんこんにちは、わたしが伊藤です」というふうには挨拶しないのです。最初からふつうのテンションだと、なかなか注目し続けてもらうのは難しいはずです。

歌舞伎《かぶき》をイメージしてもいいでしょう。「いよぉ～」という感じをイメージして入っていけば、イントロダクションでちょっと声が裏返ったりして、みんな「ん？」ってなる。「この商品がですね……」といきなりはじめるよりも、そのあとも注目してもらいやすくなるはずです。

これは別にオリジナルなテクニックでもなんでもなく、日常で観察していると、人の心をつかむのが得意な人や話がうまい人は必ず、人を注目させるために話し方を意識しています。それは人それぞれで、僕の場合は芸人さんをイメージするということです。

でも、それが結局オリジナルになっていくのです。

なぜなら、いくら明石家《あかしや》さんまさんの真似をしたところで、誰も「さんまさんみたいだ！」とは思わないので、真似をすればするほど自分だけの力がついていくからです。だからこそ、**人前で話すときは「演じる」という意識をもっと持ったほうがいい**と僕は思います。

これが、多くの人は逆になってしまっています。

つまり、どのようにしたら「いつもの自分らしく」話せるのだろうと悩んでしまうわけです。僕だったら、素の自分のままで「過去にこんなことがありまして……」なんて、恥ずかしくてあまりいいたくない。でも、多くの人に伝えるために「演じる」と思えれば気が楽になって、それほど緊張せずに話すことができるのではないでしょうか。

大切なのは、それをどこまでやるか。聞き手や場を意識せず、ひとりだけテンションを上げていてもうまくいきません。つまり、どうしたらその場その場がもっとも盛り上がるか、みんながこっちを向いてくれるかを、常に意識して話さなければならないということです。

たとえば、**同じペースでずっと話すのではなく、重要なことを話すときは演技を入れてまったくちがうトーンに変えてみる。**そんなふうに、状況に合わせて場を盛り上げることを意識できるかどうかが大切です。

テクニックが重要なのではありません。話し方のルールがあるわけでもありません。それよりも、**「聞き手のことを思って、やる」ことが大事。**

プレゼンでの話し方を考えても、やっぱり行き着くのはふつうの会話と同様に、「対話」を意識して相手のことをいかに思えるかどうかなのです。

プレゼン前は、「魔裟斗」になる

「演じる」という意味では、僕は、本番前はふだんとまるでテンションが変わります。

聞くところによると、講演やプレゼンのときに控え室の僕の姿を見て、「伊藤さん、今日集中していていてちょっと怖いな……」「大丈夫だろうか」などとまわりで話しているらしいのです。

それも当然で、僕は毎回プレゼン前にある儀式をしています。実は、「試合前に控え室で待機する（「K-1」の）魔裟斗《まさと》選手」を強くイメージしているのです。

詳しくいうと、うつむいて少し揺れながら座って、誰に話しかけられても「うす」みたいな感じで応じます。そうして自分の世界に入り、少しずつ集中を高めているのです。こんな姿を見たら、それは怖くも思うでしょう。本当に彼がそうしているかは記憶にないのですが……そんなイメージ、ということで。

もちろん、そうするのは自己満足でもあるのですが、直前の15分くらいは「いまテンション20%」「いまテンション50%」というふうに、徐々に集中力を上げていくことを強く意識しています。

だから僕は、プレゼン直前は人に邪魔されたくありません。

僕のなかで、控え室の魔裟斗選手はフードを被《かぶ》ってうつむいているのですが、リングに上がるとそれをパッと脱いで、後ろを振り返って堂々とガッツポーズ！　あの感じでステージへ出て行くことを、僕はイメージしています。

なぜ、そんなことをするのか。

それは、僕はいまだに人前で話すのが得意ではないという意識があるからです。そのように自分になにかを憑依《ひょうい》させないと、そもそも出て行きたくなくなるほどの苦手意識がある。また、そんな自信のない僕が話すのだから、そのくらいの準備はやらなければ聞き手を「動かす」なんてできるわけがないと認識しています。

だから、本番2分前までは集中力を徐々に上げている最中なので、傍から見ればとても怖い感じで座っています。そうしないと本番中にもたないからです。

いわばF1の車みたいなもので、この1時間のプレゼンに集中し、フルスロットルでもたせることのできるよう、直前までテンションを下げておいて、2分前から一気に上げ「だーん！」と登場する。そんなことを、かなり明確に意識しています。

考えてみれば、プロの格闘家はそれを毎回やってきたわけですよね。格闘技のプロでもそうして本番前に自分を必死に高めているのに、僕がそれをやらない理由があるのでしょうか？　「俺ってプロじゃないんだっけ？　プロならそれくらいの緊張感があってしかるべきだよね？」と思うのです。

そして、僕は**すべてのビジネスパーソンも、自分のことをプロだと思わなければならないと真剣に考えています。**

もちろん、みんながんばって働いているのは間違いないこと。でも、突き詰めれば、常に本気で仕事をしなくても毎月給料は振り込まれるし、簡単には解雇されないし、評価を急激に下げられることもあまりないかもしれない。そうした環境が、ものごとに向かう姿勢に大きく影響していると感じるのです。

プレゼンひとつとっても、せっかく会社からお金をもらってプロとして働いている自覚があるなら、「徹底的にやろうぜ！」といいたいです。

自分のなかにこそ最大の壁がある

「演じる」ことは、本来誰にでもできるはずです。でも、それができないのはなぜなのか？　それは、知見が足りないこともありますが、なにより「演じる」ことに対する壁があるからではないでしょうか。

でも、目標をどうしても達成したいのなら、自分がやれることはすべてやったほうが結果は絶対によくなります。もしそれが恥ずかしいのであれば、その程度で恥ずかしいと思うレベルの目標だったということ。そして、それでもいいのなら、おそらく多くの人の心は動かされません。

だからこそ、自分が本当にやりたいと思うことなら、自分自身の照れなどに関係なく、なにがなんでも人の心を動かさなければなりません。

自分のなかにこそ最大の壁がある。

ひとつのプレゼンのゴールは、人生で見たらほんの一部の出来事かもしれません。しかし、**今日のプレゼンのすべては、自分の大きな目標や人生のゴールにつながっています。**

もし、人生の一瞬一瞬を自分の大きな目標やゴールに向けて１００％燃やし切りたいのなら、やれることはすべてやるべきです。照れたり、恥ずかしく思ったりする気持ちはよくわかります。でも、みなさんの今日1日のゴールは、照れながら得られるレベルのものではないはず。

読者には会社に勤めるビジネスパーソンも多いと考えられますが、そんな人たちが仕事のプレゼンひとつにそこまで命がけで燃えられるかというと、そうではないことを百も承知であえて書きます。

本気で取り組まなければ、やっぱり相手の心は動かないのです。

だから、命を燃やそう。

自分の商品やサービスを理解し、それを説明・解説しているレベルでは相手の心は絶対に動きません。心からの想いを込めて訴えなければ、ベストな結果を勝ち取ることはできないということです。

「わたし自身ももちろんこのサービスを使っています。いま買わなくても結構ですので、これだけはいわせてください。とにかく、これは最高！」
「わたし、この商品はマジで使い込んでますから！　世界一使い込んでいますからね！」

こんなことをいわれたら、「マ、マジ、それ？」「ちょっとくらいは聞いてみるか」となるものです。熱がないと、相手の心は絶対に動かないのです。

仮に、「自分の会社の商品をそこまで推せないよ」という人がいるなら、自分に催眠術をかけてでも、「最高だ」と思うべきです。他社と比べていまの段階で最高の商品でなくても、「最高になる可能性を秘めているんだ」とは思えますよね。

それさえも思えなかったら、商品は最高じゃないかもしれないけれど、それを推しているわたしが最高ということにすればいい。

「このわたしが、あなたを必ずサポートします！」と宣言するのです。

もしそれさえも思えなかったら……、少なくとも「今日のこのプレゼンは世界一凄い」を目指してみましょう。

どんなことでもいいのです。

大切なのは、命をかけて本気で仕事に向かうことです。

プレゼンはあなたの生き様を表すもの

本気で仕事に向き合っていると、やがてその仕事にあなたの「生き様」がにじみ出てきます。あなたの打ち込み方、顧客に伝える言葉の力強さ、細部への気の配り方、そうしたこと一つひとつに、あなたという人間がにじみ出てくるのです。

プレゼンひとつとっても、そのプレゼンに、自分の「生き様」が表れているかどうかが重要なこと。もしそこまで思えないのなら、プレゼンで人の心を動かそうなんて思わなくていいのです。

ふつうに働いて、ふつうに生きていればいい。

誤解のないように書いておきますが、僕はそんな生き方がダメだというつもりはありません。誰にでも自由に生きる権利が与えられているのだから、そんな生き方だって全然アリだからです。会社では淡々と過ごし、なるべくエネルギーを溜めておいて、プライベートの時間で「いえーい！」と弾けるのも生き方のひとつでしょう。

ただし、もしそんな生き方を目指しているのなら、いまの時点ではプレゼンのレベルを上げるなんて考えないほうがいいかもしれません。そんなこと（プレゼンの技術向上）にエネルギーをかけるくらいなら、自分が燃えているものに多くのエネルギーを注ぎ込んだほうがいいからです。

あなたのいま一瞬の行動が、あなたの生き様になる。

常に、いまなにかに全力で取り組み、本気で生きているかという問題なのです。全力で生きるのが難しいかといえば、本来はそんなことはないはず。なぜなら、ご存じのように赤ちゃんは全力で生きているではないですか。

「やる気がない赤ちゃん」なんてどこにもいません。「歩きたい！」と思ったら、なんとしてでも歩いてやろうとがんばっています。そもそも、「やる気」なんてこと自体を考えてもいないでしょう。

僕たちは、かつてはみんなそんな存在でした。でも、いろいろな生育環境や人生経験を積み重ねるうちに、一生懸命生きることで逆に傷ついてしまったり、しらけてしまったりするようになっただけなのです。

もし、いままでそうであったなら、それはもう仕方ないことだと割り切りましょう。でも、「そうなった原因はなんだったのかな?」と振り返ることはいまからでもできます。「できればそんなことは繰り返したくない」と、自分で自分に問うことはできるのです。

そのようにして、自分の現在・過去・未来をしっかり掘り下げていき、人生の軸がしっかりしてくれば、プレゼンは必ず変わっていきます。なぜなら、**プレゼンはあなたの「生き様」を、如実に表すもの**だからです。

そして、そんな生き様をもとに相手と「対話」する。

ここに至ってはじめて、**プレゼンは話し手の魂を受け取るか受け取らないかというもの**になります。もはや言葉の流暢さなどはまったく問題になりません。**スキルではなく、マインドの問題**なのです。

自信を持って多くの人の心を動かすプレゼンをしたいのであれば、まず自分の生き様を、真剣かつカッコいいものに変えていくべきです。

自分が経験することに勝るものはない

僕は、プレゼンに苦手意識を持つ人に対して、それをなくしてほしいからメディアで取材に答えたり、こうして本を書いたりしています。そして、そんな人たちに、「いつでも本番に立つ気はありますか?」と問いたい。

たとえば、取引先の社長にサービスの説明を数日後急にしなければならなくなったとします。そんなとき、上司に頼るかそれとも「わかりました」といってひとまず受けるか。そんなことで、その先の道が分かれていきます。

もちろん、受けたら絶対に嫌なことばかりです。

「なんで受けちゃったんだろう……」

「上司からにらまれたらどうしよう」

「厳しい質問をされたらやばいかも……」

本番までに、そんなことをいろいろ考え悩むでしょう。本番で厳しい指摘を受け、挙動不審《きょどうふしん》になってしまった経験なんて、僕も40歳を過ぎてふつうにありました。

でも、そんな経験が必ずあなたを強くします。

だからこそ、まずはやってみることです。とにかく舞台に立ってみる。**不安で仕方がないなら、徹底的に準備して本番でそれを跳ね返せばいい。**

僕がいえることは、とにかく「苦しくても舞台に立ってみようよ」ということです。

舞台のレベルが大きいか小さいかなんて、どうでもいいことです。

自分がやることに勝るものはない。

自分がやるからこそ、自分が嫌な思いをするし、自分がつらい思いをするし、だから我が事として考えることもできるのです。恥ずかしさを感じる度合いは生来のものかもしれませんが、人間の話すもともとの能力なんてそれほど個体差はありません。

ならば、どうすれば上達するのか？

それは、**「我が事として準備し、本番の場に立ち、あとで振り返る」**こと。

このサイクルを回し続けるのです。

もし自信が持てないなら、家族や友だちを相手にたくさん練習してください。僕も慣れないころは、妻にプレゼンを聞いてもらったこともありました。すると、「ここがよくわからない」とフィードバックをもらうことができた。自分の妻がわからないのに、ほかの人がわかる保証などありません。だから、「この部分はこう言い換えたほうがいいかも」と客観的に、素直に考えられるのです。

みなさんも身近な人を相手に、本番前は必ずリハーサルをしてみましょう。練習をせずいきなり本番に挑んでも、簡単に通じるほど甘くないのもまた、プレゼンの世界の真実です。

世の中に貢献するために「伝える」

繰り返しになりますが、プレゼンとは「あなたの生き様を聞かせるもの」ということに尽きると考えています。

「生き様のようなたいしたものは持っていませんよ」

そんな人もいます。でも、それはちがう。

みんな多かれ少なかれ、がんばって苦労しながら生きているわけです。僕は、「その想い」をそのまま出せばいいと思っているのです。


多くの人は、様々な想いをすでに持って生きています。

「もう生きていてつらいんだけど、どうしたらいい？」

「経験はまったくないけれど、こんなことをやってみたいんだ」

「仕事でこの製品を扱ってるんだけど案外いいんだよね」

そんなことを誰しもが思うはずです。それこそが、あなたが話すべき言葉だということになります。


僕にとってのプレゼンの意味は、「自分が話したい言葉があるからこそ話す」ということ。単に、なにかのサービスや商品の紹介や説明ではないのです。

伝えたい言葉がなければ、伝える必要はない。

伝えたい言葉があることは、僕がプレゼンをするうえでの大前提になっています。

また、自分の思うことがあるのだったら、他者とどんどん共有するべきです。なぜなら、共有すればたくさんの機会に恵まれ、実現が早まるかもしれないし、「それはちがうんだよ」とフィードバックをもらえるかもしれないからです。それを受けて改善点を見出せるし、「いちどきりの人生なのだから、やっぱりこれを実現したい」と覚悟が決まることがあるかもしれません。

他者に共有すると、自分ひとりで生きているときよりも、たくさんの動きが生まれていきます。

僕には、世の中をよくしていきたいという気持ちがいつもあります。

もちろん僕のような想いで生きている人もいるでしょう。

そして、どんなかたちでよくしていくかは、サービスで提供する人もいれば、商品をつくって広めていく人もいれば、社会問題に直接貢献する人もいて、人それぞれです。

僕の場合は、きっと言葉を使って自分の「生き様」を商品にしているのです。もし僕の話を聞いて元気になってくれる人がいたなら、その人はそのぶん楽しい人生を送る可能性が高まるかもしれない。

そして、僕はかつて仕事でとても苦労したからこそ、仕事に悩む多くの人たちに「大丈夫だよ!」と伝えていきたい。

このような、自分ごとを超えた「世のため人のため」ということを思えたら、プレゼンをするうえでの細かいことはあまり気にならなくなってきます。社内プレゼンひとつとっても、うまくいったらある製品やサービスが世に出ることになり、世の中が少しよくなるでしょう。そういう素晴らしい事案に自分が携わっていると大きな視点で捉えることができれば、その場の恥ずかしさなどどうでもよくなってきます。

世の中に貢献するために「伝える」――。

人は社会という枠のなかで生きているので、自分自身の欲望や人生のことだけを考えていたら、結局はうまくいきません。パブリックな感覚を持ち合わせながら、自分のことを突き詰めて考えていく。自分の「生き様」をかけて、そういったことを思えるかどうか。

そんな生きる姿勢が、あなたのプレゼンをさらに素晴らしいものにしていくでしょう。

澤円

「幸せ」をプレゼントする

【行動編】

プレゼンには、
自分の「在り方」が如実に表れる。
相手に本気で興味を持っているのか。
なぜ自分は人前に立っているのか。
それらを踏まえて相手の
ハッピーストーリーを描けたら、
プレゼンは必ず成功する

プレゼンは、プレゼント

「プレゼンが苦手」という人はたくさんいます。

僕は、そのほとんどの理由が、「話すことに自信がない」からだと見ています。

本来プレゼンというものは、別に話し方が上手ではなくても、気持ちがこもっていればいいというのはよくいわれること。にも拘わらず、プレゼンは世界中の人に怖がられているようで、**アメリカの調査では、「恐怖症ランキング」の1位がパブリックスピーキング恐怖症だった**そうです。

別に日本人だけではなく、どこの国でも苦手なのでしょう。

では、どうすれば自信を持てるようになるのか？

それは結局のところ、聞き手やアピールする対象に対して「深く興味を持つ」ということになるでしょう。加えて、プレゼンが終わったあとに、聞き手に「どんな状態になってほしいのか」という部分に対して、深く思いを馳せることが大切になります。

でも、多くの人は、そうしたことに興味が薄いために、いつまでもプレゼンに自信を持つことができていません。これは非常にもったいないことです。

「そんなことはない。僕は本気でプレゼンをやっている」

そう明言する人でも、プレゼン自体に本気でないことはよくあります。よくよく話を聞いてみると、**「失敗したくない」と本気で思っているだけで、聞き手のことを深く考えられていないことがとても多い**からです。

さらに厄介なのは、これは学生にありがちなのですが、「自分はうまい」と思っているタイプです。たしかに話し方は悪くなくて、堂々としているし、声にも自信が垣間見られる。でも、肝心の話がまったく面白くない……。

「これ、聞いていてなんかいいことあったかな？」

そんなことを思わせるようなプレゼンを、僕はこれまで本当にたくさん見てきました。なぜそうなるのでしょうか？

それは、**興味の対象が聞き手ではなく、自分にあるから**です。つまり、完全に自分都合で話していて、聞き手に興味を持っていないのです。

「僕はうまくやっている」という自分都合な満足感だけを得てしまっていて、「聞き手はこんな話に興味があるはず」「聞き手がこんな気持ちになったら最高だ」という、相手に興味を持つ気持ちがすっぽり抜けてしまっています。

プレゼンの目的が、聞き手になんらかの行動を起こさせることだとすれば、それではまったく意味のない行為になってしまうはず。

僕は、プレゼンについていつもこういっています。

プレゼンは、プレゼントだ。

プレゼントというのは、相手があってこそ成り立つものです。

たとえそのプレゼントの内容（製品・サービス・テーマ）が素晴らしく、誰もがよろこびそうなものであったとしても、「誰に渡すのか」「いいタイミングなのか」「必然性はあるのか」といった条件やシチュエーションによって、受け取り手への響き方はまったく異なってきます。

そして、それらがマッチしていなければ、結局そのプレゼントはなんの意味も持ち得ないものになるでしょう。

なぜなら、もらう相手が「共感しようがない」からです。

聞き手にとってのハッピーストーリーを描こう

そうであれば、**プレゼンでもっとも大切なことは、**なにはさておき「顧客視点」ということになります。

常に、**相手にとっての「メリット」や相手に「持って帰ってほしいもの」を考えて、それを逆算しながら設計することが必要**です。

この「持って帰ってほしいもの」というのは、のちに紹介する相手に「へえ〜」と思わせたり、「あるある!」とうなずかせたりするエピソードのこと。それを知った相手が、「どこかでこれ話しちゃおう」と思えるような、面白く具体的なエピソードを提供してあげることが、プレゼンをよくする大切な要素になります。

「ぜひ上司の方に話してみてください」

「ぜひチームメンバーに共有してみてくださいね」

そんなふうに、具体的かつシンプルに〝お土産〟を渡してあげるのです。つまり、相手が持って帰ったうえで、〝配りたくなるもの〟を用意することがプレゼンではとても大切になる。

なぜなら、そうすることで自分がプレゼンで伝えたことが、二次的、三次的にいろいろな人に口コミとして伝わっていくからです。

そのためには、その人がそれを説明できるサイズ感でなければなりません。「どんな話だった？」と聞かれたときに、難しい説明をしなければならないのなら、お土産を配る気も失せてしまいます。

しかし、多くの場合、人はプレゼンで「正確な事実」や「スペック」をそのまま渡してしまいます。たとえば、あるサプリメントをアピールするプレゼンをするとしましょう。

「この製品には○○酸というものが配合され、それは○○という樹木から、1年に○

○ミリリットルしか採《と》れないもので……」

そんなことをいわれても、渡された人は覚えられるわけがありません。もちろん、事実かつ売り文句であり、重要な差別化要素なのですが、受け取った側は持って帰りづらく、まわりにも配りづらく、そもそも興味が持てません。

にも拘わらず、自分都合のプレゼンで、ひたすら「説明書の朗読会」を開いてしまう人がとても多いのです。

さらに、聞き手が話に興味を持てないだけでは済みません。事実やスペックばかりを並べてしまうと、聞き手の脳内にはまったくちがうことが起こります。

プレゼンを聞くにつれて**競合商品が頭に思い浮かんでしまい、その商品と「スペックだけ」を比較するという、残念な事態に陥ってしまう**のです。

そんな事態を避けるためには、聞き手が「へぇ〜」「あるある!」となるようなエピソードをお土産として渡すとともに、「これを飲むと目覚めがよくなるよ」「これでお腹の調子がよくなりますよ」くらいでいいので、顧客にとってのメリットを簡単に押さえておくことがポイントになります。

僕は、いつもこのように表現しています。

顧客がハッピーになることだけを伝えよう。

顧客が「こんなふうになれる」というハッピーストーリーを描けるかどうかがすべてなのです。

それができているか否かが、プレゼンの成否を左右します。繰り返しますが、大切なのは、商品を主語にした正確な情報やスペックではありません。商品情報なんて、「詳しいことはウェブサイトにアクセスしてみてくださいね」と、次のアクションのきっかけを提供するだけで十分。

プレゼンで伝えるべきは、あくまでその商品によってもたらされる「相手のメリット」なのです。

相手に興味を持つことからプレゼンははじまる

では、相手にとっての「ハッピー」は、どうすればわかるのでしょうか？

もちろん、それには相手の立場を想像する力が必要です。でも、想像するといっても、なんらかのとっかかりがほしいところですよね。そこで、相手の気持ちを的確に想像するために、このことを心がけてみてください。

相手に「興味」を持つ。

あたりまえのようですが、これが意外とできていない人がたくさんいます。でも、相手に興味を持つことさえできれば、相手について想像することは自動化されていきます。

わかりやすくいうと、あなたの心の琴線《きんせん》に触れる人がいたとします。すると、「あの人はなにが好きなのかな？」と自然と想像しますよね。「ふだんどのように過ごしているのかな？」「どんな音楽を聴いているのかな？」「どんなジャンルの本を読んでいるのかな？」と、自分でも止められないくらい次々と妄想してしまうはず。いったん興味を持てば、さらに深く掘り下げていくことになるわけです。

でも、あまり興味もないし気にならない人なら……、その人がどんな本を読んでいるかなんて想像することもありません。

だからこそ、まずは興味を持つことがとても大切なのです。

「でも、仕事だからそこまで興味は持てないんですけど……」

そんな人もいるかもしれません。たしかに、気になる異性ほどには仕事に興味を持てないことはあると思います。

でも、ここではっきりいってしまいましょう。

自分の仕事に対して興味が持てないのなら、転職を考えてもいいかもしれません。なぜなら、興味を持てないことに長い時間を費やしていると、心を病んでしまうからです。もちろん、公私を完全に割り切れる意志の強さがある人は別ですが。

しかし、そうでない人は興味の持てないことをずっと続けていると、心がどんどん痩せ細っていきます。僕は、やっぱり**自分が強く興味を持てることを自分の仕事にし**

たほうが、結果的には楽しい人生になると考えています。

話を戻すと、プレゼンでなんらかのメッセージを伝えているにも拘わらず、肝心の相手に興味を持っていない人がたくさんいます。だから、相手が「ハッピー」になることもうまく想像できず、ひとりよがりなプレゼンになってしまうということが起きるのです。

実際になにかを伝えたいなら、まず相手に興味を持つこと。興味を持ったら、それをさらに深掘りしていく。そうすることができれば、想像力は次第に働いてくれるようになっていくでしょう。

「正しいこと」が人を動かすとは限らない

もうひとつ、プレゼンをする相手とアピールしたい商品やサービスにズレがあるときのために覚えておきたいコツがあります。それは、**「対象（商品やサービス）に興味を持っている人に、興味を持たせる」という方法**です。

具体的に説明します。

以前、こんな相談をされたことがありました。

相談をくれた起業家は、ネイルシールをウェブで簡単にオーダーできるサービスを提供する会社を経営していました。サービスの対象は、主にネイルができない歯科技工士や、サロンに行く時間がない子どもを持つ母親でした。しかし、その事業をアピールするためにピッチコンテストに出場したところ、審査員が見事におじさんばかりだったそう。つまり、そこにいる彼らはほぼユーザーになり得ない状況でした。

そのことを察した起業家は、「どうせ興味を持ってくれないだろうな」と思い、そのノリのままで話をしてしまった。もちろん、賞は取れませんでした。

そこで僕は、「ネイルシールを使う人のペルソナ」に興味を持たせるのがいいのではないかとアドバイスしました。

たとえば、受付の仕事をしている人は仕事上ネイルを派手にすることはできません。でも、パーティなどに行ったときにネイルがきれいだと気持ちが上がることは間違いないのだから、ネイルをきれいにしたい強い願望は持っています。

そこで、審査員のおじさんたちを、そんな彼女たちに「プレゼントを贈れる人」だと定義してみましょう。商品がなんであれ、審査員のおじさんに興味を持つことで、視点とアプローチをガラリと変えられるのです。

「みなさんのまわりに、ネイルができないスタッフや受付の人はいませんか？」
「若い女性がネイルでおしゃれできないのは、けっこう残念なことなんですよね」
「そこで、ネイルシールをプレゼントしたら絶対よろこばれますよ！」

こうすれば、「プレゼンの対象者」である審査員のおじさんたちの関心が、俄然高まっていきます。つまり、こういうことです。

興味がないはずのユーザーが、いきなり当事者になる。

商品自体には興味はなくても、それを使うニーズがある人には興味がある。そんなアプローチで、聞き手をいきなり「当事者」にしてしまうことができるのです。

これは、考えようによっては、どんな商品も、どんな人にでも興味を持たせることができるということになります。

たとえば、人気タレントがＣＭやキャンペーンで起用されるのも、まさにこの仕組みを利用しています。潜在的なユーザーに、ある商品やキャンペーン自体には興味が薄くても、「あの人が出ているなら」「あの人が使っているなら」と思わせることで、興味を持たせているのです。

こうした事実からも、これまでお伝えしてきたことが再確認できるでしょう。

正しいことが、必ずしも人を動かすわけではない。

正しい情報や正確なスペックをそのまま伝えることが、必ずしも人の行動を引き出すわけではありません。

逆にいえば、情報が正しいからといって、受け入れる必要もないということ。いくら正しいことを伝えても、「あっ、そうですか」で終わる可能性が十分にあることを、プレゼンをする人は肝に銘じておく必要があります。

大切なのは、いかに聞き手を「気持ちよく受け取れる」状態にしてあげるかということ。加えて、受け取ってもらうだけでなく、それを別の人に渡したくなるようにすることです。そのためにも、相手に興味を持ち、相手の「ハッピー（＝メリット）」を想像し、それをシンプルなキーワードでまとめなければならない。

なおかつ、そこに「お土産」となる「聞いてよかったな」「誰かにいおうかな」と思わせるエピソードをつけてあげる。

繰り返しますが、**プレゼンはプレゼント**です。

相手をていねいに「もてなす」気持ちが、プレゼンでもっとも欠けてはならない要素なのです。

エピソード＋問題提起＋結論

では、プレゼンを設計していくときのコツを、ポイントを絞って紹介していきます。

みなさんもプレゼンに臨むときは大まかな構成を考えると思いますが、僕の場合は、プレゼンの尺が40分〜90分くらいの時間であれば、大きく3つにわけて設計しています。

序盤　エピソード
中盤　問題提起
終盤　結論＋クロージング

【序盤】エピソードで引きつける

まず、プレゼンは相手に話を聞いてもらうことが必要です。いきなり結論を持ち出したり、問題を提起したりしても、聞き手はまったくついてきません。

はじめからテーマが絞《しぼ》られているパネルディスカッションなどでは、結論や問題提起から入るほうが論点や意見を絞れるのでいいのですが、不特定多数に向けて話しかけるプレゼンはまったく別。まずは、聞き手の注意を引きつけていきましょう。

そして、このときの材料になるのが、先にも書いた「エピソード」です。僕の場合は、聞き手が「へえ〜」と驚くものや、「あるある！」といってうなずくようなエピソードを最初からどんどん出していきます。

たとえば、いま中国・北京《ペキン》エリアのコンビニエンスストアの支払いは、9割がキャッシュレスになっていると聞いたら、ちょっと驚きませんか？　そして、なんと屋台にもQRコードが貼られていてキャッシュレスです。そう補足したら、「へぇ〜」ですよね。

さらに中国が凄いのは、結婚式のご祝儀も、お香典もキャッシュレス。極めつけは、路上生活者の人に施《ほどこ》しをするのもキャッシュレスです。QRコードを持って、道端に座っているわけですね。ここまで話せば、「へぇ〜」の連続です。

このように、**聞き手をエピソードで引きつけながら、同時にその理由や意味も含めて「言語化」してあげることが大切**です。

僕はこのエピソードを、オンラインで買い物をすることの本質的な意味を説明するときに、ひとつの例として使いました。オンラインでは「モノ」を買っているのではなく、「コンテンツ」を買っている。そんなことを理解しやすくするとっかかりとして、プレゼンの序盤に伝えました。

【中盤】厳しいファクトで「気づき」を与える

エピソードの次は問題提起です。聞き手が「へえ～」「なるほど」「そうだよね」となっているところに、少しショッキングなファクトを突きつけていきます。

つまり、最初に「へぇ～」があって、「じゃあ僕たちはどうすればいいですかね？」と**問題提起をしたあとに厳しいファクトを突きつけ、「みなさんのその解決策、ちょっと甘いかもしれないですよ」と落とす**のです。これによって、さらに話を聞く集中度を高めていきます。

ここでの具体的なファクトも様々ですが、たとえばこんな感じです。

いまの時代は、先の中国の例のみならず、日本でも多くの人がオンラインでコンテンツを買っています。しかも、その際に必ず評価サイトを確認し、たとえ目の前に店舗があっても、その店舗の前でスマホで口コミ情報をチェックすることさえある。

このことから、これだけ多くの人がデータを信用するようになっているのに、いまだに仕事で使うツールとしてデータの一切残らない電話は選択肢にないですよね？と持っていくことができます。つまり、このときの「厳しいファクト」というのは、仕事で使う「電話」のこと。仕事で電話を多用する会社や人はかなり多いので、聞く人にとってショッキングな気づきとなりそうです。

実際のところ、**仕事をするうえで最悪のツールが電話です。なぜなら、電話のベルというのは、まさに集中力を切れさせて注意を向けさせるために鳴るもの**だからです。そして、電話のベルが聞こえている人全員が、その瞬間に集中力を目減りさせていて、切れた集中力は最低15分も戻らないといわれています。つまり、電話をかけることで、複数の相手の貴重な時間と生産性を奪っているわけです。

こんなファクトを紹介すると、聞き手に大きな「気づき」を与えることができます。すでに問題提起を済ませているので、「だったらほかにどんないい方法があるのだろう?」と、「自分ごと」として考えさせる効果が生まれるのです。

【終盤】結論＋クロージング

ここまで話したうえで、「結論」を伝えます。終盤になってようやく、そのプレゼンでアピールしたい製品やサービスなどを伝えるわけです。たとえば、「いまの時代は、リアルタイムでコミュニケーションできて、かつデータも残るチャットツールが最適なんですよ」と伝えると、聞き手は深い納得感を持って受け取ることができます。

つまり、聞き手はこの時点で、プレゼンのテーマがしっかりと「自分ごと」化されていて、それに対する解決策も理解していて、まわりの人に「ねえ、これ知ってる?」と話しやすいお土産（エピソード）も手にしている状態になりました。ここまでしてあげて、ようやく聞き手は「動く」ことができるようになります。プレゼンによって、なんらかのアクションを起こしやすい状態にしてあげることが大切なのです。

ちなみに僕は、**クロージングで「一緒によりよい未来をつくりましょう」と、未来への希望に満ちた話をする**ことにしています。なぜなら、やっぱり「ご静聴ありがとうございました」ではインパクトを与えることもできなければ、記憶に残ることもないと思うからです。

プレゼンは「プレゼント」なのですから、記憶に残る、ポジティブかつ印象的な話で締めてみましょう。

自分が驚かなければ人も驚かない

では、そんな「へえ〜」「あるある！」エピソードは、どのように集めていけばいいのでしょうか。

僕の場合であれば、「常にアンテナを立てている」ようにしています。

そして、そのエピソードに自分が「へえ〜」と驚いたり、「これネタに使えるな」と感じたりできるかどうかがもっとも重要になる。なぜなら、そうすると自信を持ってほかの人にすすめられるからです。自分がそのエピソードに対して、「へえ〜」と思っていないのに、相手を驚かすことは不可能です。

たとえばこんなことがありました。プレゼンの仕事があり新幹線に乗ったところ、知人でアメリカの最先端企業のＰＲの仕事をしていた人とばったり会いました。そして、行き道でその企業でのビジネスマネジメントについての話をたくさんしてくれたのです。

すると、僕はその移動中に聞いた話題を、もうそのまま目的地ですぐプレゼンに使うことにしました。「行き道で聞いたのですが、この話が最高に面白かったんですよ！」といって、エピソードとして紹介したのです。

ちなみに、このときの話のなかのひとつに、その企業のＣＥＯは「とりあえずやってみよう」というのは許さない、というエピソードがありました。

そのＣＥＯいわく、「とりあえず」というのは、一見正しいように見える。でも、最終的な判断を下すためにはこういうらしいのです。

Is this a winnable game?

それは勝てるゲームなのか？　勝つイメージがあるのか？　という考えです。

「とりあえずやる」のはときに大事なことですが、やみくもにやっても意味がない。とりあえずやってみたなら、そこになにが見えているのかをすぐに言語化して、先に進まなければならないということです。なぜなら、言語化をしなければ誰も一緒に動いてはくれないから。

とりあえずやってみて、未来が見えたら（言語化できたら）、そこではじめてほか

の人を巻き込める状態になるということなのです。

すると、こんな話を「働き方」や「時間効率化」といったテーマのプレゼンにすぐ取り入れることができます。たとえば、「恐怖の言葉は『とりあえず』ですよ！」というように、プレゼンに挿入する「お土産」エピソードとして使うわけです。

なぜなら、まさに日本人ビジネスパーソンの悪い癖のひとつが、「とりあえず集まろう」「とりあえず打ち合わせしよう」ということだからです。まさに、「あるある！」エピソードではありませんか。

でも、そんな「とりあえず」の打ち合わせが効果的な行動につながることは稀です。集まってなんとなく話をするものの、「とりあえず」集まっただけに、実際に「誰がなにをどうする」といったことが決まらないことが多く、ひたすら話だけをして終わる傾向があります。

また、「とりあえず人を呼ぶ」ことも横行していますよね。話すかどうかわからないけれど、とりあえず呼んでおこうとなって、会議の人数がやたらと増えるのもよくある話です。

常にアンテナを立てていると、そんな悪い例もセットにしながら、得た情報をすぐに使うことができます。

情報は熱いうちに出せ

このように、なにかアンテナに引っかかる情報を得たときは、すぐに発信してしまうことをおすすめします。これはプレゼンに限らず、ＳＮＳやブログなどなんでも構いません。とにかく、さっさと発信してしまいましょう。

すると、それに対するフィードバックが返ってくるので、その話題についてさらに詳しい人がもっと教えてくれるのです。僕の場合は、ＳＮＳなどで発信すると必ず複数人からコメントが返ってきますから、情報がもっと豊かになり、深くなることにつながっています。

僕はよく、取材などで「情報収集法」について聞かれるのですが、僕はいつもこのように答えています。

情報収集＝情報発信

自分のアンテナに引っかかった情報をすぐに発信することで、さらに詳しい情報を教えてもらい、それを自分で料理して、場合によってはさらに発信していく。つまり、情報発信が同時に情報収集になっているということです。

また、情報を発信するためには、アンテナに引っかかった情報を言語化しなければなりません。すると、情報発信が自分の「メモ」にもなります。

そうした作業を、僕は大急ぎでやることにしています。

もちろん、そうした情報をデジタルツールにメモしたり、タグをつけて整理できたりすればもっといいのかもしれませんが、僕はそんな作業が実はけっこう苦手なのです……。そこで、情報はなるべくすぐにフェイスブックやツイッターで発信します。また、そんな情報をまとめて、ボイスメディアの「Ｖｏｉｃｙ」で音声発信することもずっと続けています。

情報をストックして、いつでも使えるようにしておくという考え方もアリだと思いますが、1回使ったネタは覚えている人は覚えていると考えています。だからこそ、情報をアップデートしていくために、どんどん発信してフィードバックをもらっています。

いずれにせよ、**情報というのは自分で言語化してはじめてほかの人にも伝えることができます**。そしてフィードバックを得て、その情報を自分なりにさらに磨いていく。とにかくそのネタが面白かったら、新鮮なうちにパッと外へ出すことが大切だと思います。

スライドは「つなぎ」を重視した脚本

プレゼンの必須ツールである「スライド」のつくり方で、大切なことも紹介しておきます。

まず、スライド作成にこだわり過ぎると、聞き手を忘れがちになります。そこで、スライド作成では、まず「見やすいこと」がもっとも大切です。つまり、絶対やってはいけないのが、説明や情報を詰め込んでしまうこと。読めないスライドほどバカバカしいものはありません。

僕はよくエピソードに合わせて面白い写真をはめたり、ユニークなフォントを使ったりしますが、これはあくまで聞き手の印象に残りやすくするためのひとつのテクニックです。

大事なことは、プレゼンの「本筋を引き出すためにイメージを使う」ということ。

そのため、僕は基本的に先にメッセージをつくり、あとからイメージを加えていきます。ツールはなんでも構いませんが、僕はパワーポイントで白紙のスライドを数十枚つくっておき、先に言葉（メッセージ）だけを入れていく方法にしています。

サムネイル画面に切り替えれば全体を俯瞰することもでき、スライドを随時入れ替えながら、プレゼン全体の流れを調整することができます。

そして、スライド作成のときにもうひとつ重要なことがあります。

スライド作成と同時に、脳内リハーサルをする。

たとえば、「このスライドのときは、ステージでこんな話し方をしているかな」「ここで手を挙げてもらおうかな」というように、頭のなかでリハーサルをしながら言葉を並べていくと、イメージが鮮明になって短時間でスライドをつくることができ、本番での失敗も少なくなります。

スライド作成でよくある失敗が、一生懸命つくったのにいざステージで使うと話しづらかったというもの。実際に話してみるとつながりがあいまいだったり、急に話が飛んでいたりして、本番中に「つなぎ」の言葉をすぐ思いつけなかったりするのです。これはすべて、脳内リハーサルをせずにスライドをつくっているために起こります。

スムーズなプレゼンをするひとつのコツは、次のスライドへ進むときになんの話をするのかということ。自分が実際に話している場面をイメージし、話す内容と合わせて、次のスライドへの「つなぎ」の部分もイメージしながらつくることが、上手なスライド作成のポイントになるでしょう。

スライドは「脚本」なのです。

なぜなら、映画やテレビと同じように、プレゼンも「尺」という時間の限りがあるなかで、最大限のインパクトを残さなければならないからです。一つひとつのスライドは、それぞれ「伝えたいこと」なのですが、プレゼンには流れがあるので、尺をどのように使うかを考えるかどうかで、その質に大きく差が出てしまいます。

そうして「つなぎ」の部分までイメージしてスライドを作成したら、大まかな時間配分も決めておきましょう。このとき、本番で時間をオーバーしないことに気をつけてください。いったんオーバーするクセがついてしまうと、時間制限が厳しい場合に失敗しがちになります。

もっとも致命的なのは、時間制限のためにいくつかのスライドを飛ばしてしまうこと。伝えるべき情報量がゼロになることもあり得るので注意してください。

聞き手と目を合わせる

僕が、プレゼン前に必ず行うルーティンがあります。

それはステージの上に立って、その日の会場に座る聞き手の「顔の高さ」を自分にインプットすることです。

加えて、会場の幅も確認します。それによって、たとえば「今日は首を少し横に向けるだけで全員と目を合わせられるな」ということがわかります。

少し大きな会場になると、全体が視界に入らないことはよくあることです。すると、歩いたり身のこなしを変えたりしなくてはなりません。一定の時間を一方に顔を向けて話したら、次はもう一方に向かって話す、というように、自分が動くことによって全員と目が合っているイメージを脳内につくっていきます。

全員と目が合うようにする。

これがポイント。その日会場にいる全員と、必ず1回は目が合ったように思わせることは、僕はとても大切だと考えています。なぜでしょうか？

それは、プレゼントを渡すために必要だからです。

先に、プレゼンはプレゼントだと書きましたが、あなたが聞き手だとしたら、プレゼントはやっぱり正面からちゃんと目を見て渡してほしいですよね。

その事前準備を、会場に行ってリハーサルのときに行うのです。パソコンの画面、スライド、自分の立ち位置、そして聞き手の目の位置……。それらを入念にたしかめて、視線の向け方を把握することを事前に必ず行っています。

繰り返しになりますが、ポイントは機材の位置や会場の広さを理解することだけではなく、聞き手としっかり目が合うかどうかということ。

なぜそこまでこだわるのか――。

それは、**もっとも貴重なリソースである時間を費やし、僕の話を黙って聞く人たちに対して、僕はいつも「おもてなしをしなければ」と思っている**からです。

プレゼンの相談を受けていると、よく「会場の雰囲気が硬いときはどうすればいいのか?」と聞かれることがあります。もちろん、様々なケースがあるでしょうが、僕がそこでいうのは、「話し手自身がミスを許さない雰囲気をつくっている場合」が案外多いということです。

逆にいえば、親密な空気を生み出すには、話し手がどのように聞き手をもてなしたいのかを深く考えることで、自然と醸成されていきます。

もしかしたら、話し手はアイドルと似ているのかもしれません。

彼らはファンと目があったように思わせ、「ファンを凄く大事にしているんだ」という姿勢をさりげなく見せています。

だからこそ、その場をとても親密な雰囲気に変えることができるのでしょう。

自分が話す必然性を掘り下げる

プレゼンするときの話し方や表情、立ち居振る舞いなどについては、プレゼン全体の割合でいうと、多くても2割程度の要素に過ぎないと見ています。

たしかに、自分の表情や姿勢を知っておくことは大切。そのため、できる限り自分の姿を動画や写真に撮って、自分が「どう見えるか」をまわりの人にヒアリングするに越したことはないでしょう。

ただ、僕がここでみなさんに伝えたいのは、もっと本質的な意味での「己を知っておく」大切さです。

自分はなんのためにこの場に存在し、なんのためにこの話をするのか。
そんな自分は、聞き手からどのように見えているのか。

こうしたことを自覚しながら話すことが、実はとても大事なことなのです。

逆にいえば、「なんでこの人が話しているんだろう?」と聞き手に思われる状態が、プレゼンでもっとも避けたい状況だということ。自分が話す必然性を聞き手が理解できなければ、どれだけ言葉を尽くしても、残念ながらメッセージは伝わりません。

そのためにこそ、プレゼンの前に「自分を掘り下げておく」ことが重要です。

「自分は何者なのか」

「自分はどこに向かおうとしているのか」

そんなことを掘り下げない限り、自分のキャラクターをつくることは到底できません。逆にいえば、自分を深く理解していることで、揺るぎない自分の「在り方」を軸にして、自分なりの「伝え方」が自然とつくられていくはずです。

いい声なのか、とおりやすい声なのか、美しい姿勢なのか。そんなことは、二の次なのです。

これは、実はキャリアの話にもつながります。**会社から与えられた肩書きで働いているだけでは、自己ブランディングされた存在にはなれない**と思っています。なぜなら、それは必然的に「代わりがいる」状態になるからです。

「なぜこれを僕がやるのだろう?」と自問自答し、その答えを徹底的に追求していくからこそ、まわりの人が「あいつの話が聞きたい」となって、一流に近づいていける。そして、このような状態になると、いついかなる場所でも自分のプレゼンをとおして、大事な聞き手にプレゼントを手渡す場にしていくことができるようになります。

若い人のなかには、よく「世界を知りたい」といって自分探しのために旅に出る人も多いですよね。でも、その前にやることがあります。

ぜひ、自分の内部を探索してみてください。これは、いますぐこの場でできることです。

「自分が何者であるか」を自分で掘り下げた人の話は、多くの人を惹きつけることができます。なぜなら、聞き手もまたその話に自分を投影させ、共感することができるからです。

人前に立った時点であなたは勝利者

プレゼンをする際に、「人前で話すこと自体が苦手で……」「そもそも見た目にコンプレックスがあって……」という人もたくさんいます。これはもう、全世界の人々がパブリックスピーキングを恐れる理由でもあるでしょう。

僕の場合は、子どものころからピアノの発表会に出たり、学生時代にディズニーランドで働いたりしたことで、人目に晒《さら》されることには比較的「割り切り」ができていました。たとえ緊張しても、そういうものだと思えていたのです。

ならば、どんな人でも100回やれば慣れるのかといえば、僕はそんなことはないと思います。人前で話すことが苦手な人は、もう苦手なままでしょう。

では、そんな人はどうすればいいのか。それはもうマインドセットを変えるしかありません。こう思ってしまえばいいのです。

人前に立っている時点で、わたしは勝利を収めている。

逃げなかった。
会場へ行った。
ステージに立った。
パワーポイントを起動した。
接続した。
画面に映った。

わたしは凄い！

その時点で、「すでに勝利しているのだ！」と、自分に何度も言い聞かせることです。もしかしたら単なる気合みたいに捉えられるかもしれませんが、気合とは少しちがう。「自分は自信があるからここにいる」と何度も言い聞かせることで、自分の捉え方の枠組みを変えていくということです。
あと、もうひとつ僕がいいたいのが、これです。

起きてもいない悲劇を恐れ過ぎない。

これも日本人だけではなく、世界中の人々がそうなのかもしれませんが、僕はとくに日本人に顕著だと感じています。目の前で起きている問題の解決にフォーカスせず、自分で勝手につくった「見えないルールばかり」を遵守《じゅんしゅ》しようとするということです。

プレゼンにおける「見えないルール」とは、たとえば「プレゼンは流暢《りゅうちょう》に話さなければならない」といった類のことです。そんな「見えないルール」に縛られてしまうからこそ、「聞き手はいまつまらないと思っているのでは?」「みんな厳しい顔をしている……」などと、起きてもいないことを過度に意識してしまい、ますます緊張してしまうのです。

でも、心配することなど本来なにもありません。

「見えないルール」は、自分でつくっているのですから。

ステージの上に立って人前で話す権利を得た時点で、あなたは勝利者なのです。

僕は「人前で話すこと」と「才能」は、ほとんど関係がないと考えています。もっといえば、才能に依存している人は、自分の想いや考えを言語化できていないことが多く、調子のいいときはアドリブでこなせるのに、いったんつまずくとスランプから脱することができない場合もよくあります。

それはすべて、「自分がなぜここにいて、この話をしているのか?」という、プレゼンの核を見失っているからなのです。

最大多数の最大幸福

僕はいま、年間280回以上のプレゼンを行っています。それは、**少しでも多くの人たちに「ハッピー」なことを届けるのが、自分のモットー**でもあるから。

僕はこのモットーを、「最大多数の最大幸福」という言い方をしていますが、それを実現するために、プレゼンは非常に効率的なアプローチです。

プレゼンをすると、多くの人に対して一気にメッセージを伝えることができます。

しかもプレゼンはライブなので、自分の熱い想いを、熱いままリアルタイムで届けることができる。この部分については、SNSでは代替できないアプローチだと考えています。

また、プレゼンによって自分の生きた証を残すこともできます。

プレゼンという言葉には、「プレゼンス」の意味も含まれています。つまり、「自分が存在していること」を表に出してアピールすることであり、ただスライドを使ってなにかの説明をすることではないのです。だからこそ、「自分は何者なのか」という、自分の存在証明をする視点が必要になってくるわけです。

加えて、プレゼンをすると、多くの人と「データを共有する」ことになります。

いまの時代は、自分が存在しているだけでは、世の中の人は誰も気づけない時代になっています。自らが情報発信をしなければ、まわりの人がアクセスしてこない状態になっているからです。

その意味では、先に書いたオンラインショッピングのコンテンツや、口コミサイトのデータだって、プレゼンといえるかもしれない。ライブで話してはいないけれど、自らの存在を強くアピールし、なおかつ細部を見られたり、深掘りできたりする仕組みになっています。これって、いわばひとつのプレゼンなのです。

そして、僕がいまみなさんに伝えたいのは、**これからの時代は、誰かになにかを知ってもらわなければ、自分もまた「選んでもらえなくなる」という状態になる**ということ。これはテクノロジーの進化がもたらした、必然的な結果のひとつです。

だからこそ、**様々なメディアをとおしてただ情報を収集し、知識として「知っている」だけでは、決定的になにかが足りない**ということになるのです。

これからの時代に必要なのは、やはり自らの持つ情報と「自分の存在」そのものを、アウトプットしていく姿勢なのでしょう。

自らの「在り方」を再定義しよう

かつての僕は、ただ夢中になってプレゼンに取り組んでいただけでした。ですが、年数をかけてたくさんのプレゼンを続けていくなかで、最近では聞き手のなかに、自分の「在り方」までを意識し、しっかり考えている人が増えてきた印象を持っています。

そして、それによって自由な人生を送る人も確実に増えていて、世の中がよりハッピーな場所になってきたと感じることが多くなりました。最近は、とくに働き方や複業などをテーマにしたプレゼンをするときによく感じます。

これまで多くの日本人は、就職ではなく〝就社〟をしてきました。「どの会社に入るか」ということがとても重要で、入ったあとで「なにをするのか」は会社に決めてもらう生き方をしてきたのです。それこそ、辞令1枚でどこに飛ばされるかわからないし、なにをさせられるかもわからないという状態を受け入れてきました。

そこには、自分の「在り方」などという発想など皆無です。

会社というシステムのなかに個人が飲み込まれてしまい、たとえ「働き方改革で残業を減らそう」「空いた時間で副業してもいいことにしよう」といっても、厳しい言い方をすれば、それらはすべて会社からコントロールされているということに等しいと、僕は思います。

でも、**僕たちは「在り方」を変えることができる。**

そして、それに基づいて、仕事の方法も変えていくことができるはずです。「自分はなにができるのか」「どうありたいのか」「どのように時間を過ごせばいいのか」。そんなことを自らの意志で選び取ることが、本来はできるはずだと僕は信じています。

多くの社会人が、よく「転勤は嫌だ」といいます。でも、嫌なら「嫌だ」と主張すればいいのです。「僕はいまの場所でこれをしたい」という明確な意志を持っていれば、いまの会社にこだわらず転職もできるだろうし、能力があれば会社が希望どおりの条件を与えてくれることもあるでしょう。

自らが「在り方」を考え、自らが変えていくというのは、そんな生き方です。**自分の「在り方」を自分で明確に再定義しそれをプレゼンできる力が、これからますます重要になっていく**にちがいありません。会社から与えられたことだけを話すのではなく、自分がやりたいこと、自分で判断したことを言語化していくということ。

僕は、それが本来あるべきプレゼンの姿なのではないかと考えています。

プレゼンが「生き残り」を左右する

現実的にも、自分の「在り方」をベースに自らが考えて仕事をしていかなければ、生き残れない時代になりつつあります。ただでさえ日本経済全体の成長率が下がっているなかで、会社から与えられた仕事だけをやっていても評価が上がらないのは当然なのです。

そんな厳しい状況においては、やはり自分の「在り方」を言語化し、広くアウトプットするプレゼン能力を身につけることが、大きなチャンスにつながるのは間違いありません。

僕はよく、プレゼンが苦手だという人に、冗談を交えてこう伝えています。

「死にはしないから、やってみなよ！」

プレゼンしている最中に襲われたり、命を失ったりした人は歴史上数えるほどしかいません。逆に、そうなったら相当立派な人かもしれない。でも、ふつうは死にはしないのだから、まずはやってみる価値はあります。

「この製品でみんなの生活はこれだけ便利になるんだ」
「この発明で世の中はこんなにも変わる」
「自分はいまこれに夢中なんです」

そのように、自分が信じていることを、どんどんアウトプットすればいい。最初のうちは失敗するかもしれないけれど、「プレゼンが苦手だ」といっている人のプレゼンで、本当の致命傷を僕は見たことがありません。むしろ、政治家や芸能人の失言に代表されるように、傲慢《ごうまん》で自信過剰な人のプレゼンのほうが致命傷になりやすいでしょう（もちろん、政治家や芸能人が全員傲慢で自信過剰ではないのはいうまでもありませんが……）。

そう考えると、**苦手ということはもう「伸びしろ」しかありません。**

昨日よりも今日、今日よりも明日のほうが絶対うまくなるから、やらない手はないのです。みなさんが思う以上に、やってプラスになることのほうが多いので、ぜひ積極的に手を挙げてプレゼンに挑戦してみてください。
みんなをもてなしたい、ハッピーを与えたい、そして自分の「在り方」を変えてみたい……。そんな熱い気持ちがあれば、みなさんのプレゼンは必ず成功します。

プレゼンは試験ではありません。
「正解」を述べることでもありません。

プレゼンは、みんなへのプレゼントなのです。

YOICHI ITO
×
MADOKA SAWA
SESSION
01

「自分の人生は自分で決める」

自分は
どうありたいのか。
本当は
なにがしたいのか。

そんな「青臭い」ことを
徹底的に突き詰めることが、
同質性を求められるこの社会では
とくに大事なこと。
「わたしはこう思う」と考え、
自ら決断する人生に踏み出すと、
「いまこの瞬間」を
全力で生きることができる

「相手に対してなにができるだろうか」と常に考える

澤　僕たちがはじめて会ったのは、スタートアップ（ベンチャー企業）が集まるイベントでしたね。

伊藤　僕が最初に声をかけたんですよ。「あ、澤さんいるわ」と思って。なんといっても、ビジュアルがわかりやすいから（笑）。

澤　僕は羊一さんの名前と顔は知っていたけれど、話している姿は見たことがなかった。そのときにはじめて会話をして、正直なところ「プロフィール写真などで与える印象よりも柔らかい人だな」って感じました。当時は、まだ「1分で話せ」（『1分で話せ――世界のトップが絶賛した大事なことだけシンプルに伝える技術』SBクリエイティブ）が出る前ですよね。僕は、もう少しきつめな方なのかなと思っていたんです。だって経歴が凄いし、東大を出て興銀（日本興業銀行）なんてプライド高いでしょ？（笑）。

伊藤 まあ、そんな人もいるかもしれない（笑）。ウェブサイトにも真面目な顔の写真が多かったので、ちょっと堅い人なのかなと思っていたら、声をかけてくださって。「あれ、凄く気さくな人なんだ」って。でも、羊一さんは、そうした学歴や過去にいた企業にまったくプライドを置いていませんよね？

澤 はい。だって、もう終わったことですからね。

伊藤 そうですね。「○○に勤めていた」という肩書きは、その企業のパワーが凄いのであって、そこにいる人物とイコールではないですから。それよりも、その人が「なにを成したか」のほうがはるかに大事だと思う。そんな自分が「成すこと」に対してフォーカスされているのがすぐにわかったので、「カッコいい人だなあ」と思った。でも、最近は、どこへ行っても会う感じですよね。イベントの控え室に行くと、「あ、いた！」みたいな。

澤 「あ、澤さんもですか」みたいなね。きっと、世の中に対してメッセージを伝えていくという、そのかかわり方が似ているのでしょうね。澤さんは主にテクノロジーやITサービスをベースに伝えていき、僕は主にリーダーシップなどの領域です。アプローチこそちがうけれど、メッセージを発することを通じて、多くの人を動かしていくところは似ているのでしょう。

澤　羊一さんと一緒にいて快適なのは、本当に利己的じゃないから。相手に対して「どんなサービスができるだろうか」ということを、常に思考の前提としてアウトプットされていますよね。

伊藤　そこは澤さんと似ているし、僕も共感しているところなんです。実は、以前は「活躍している人は、多かれ少なかれみんなそうなのだろう」と思っていました。でも、実際のところはそうでもなかった。大企業からスタートアップの経営者までいろいろな人がいますが、相手に対するギフトやサービスを前提に考えている人って、案外、多くないのかもしれません。ただ面白いのは、お互いの前提が似ているので、対談やパネルディスカッションをやると……。

澤　ゲームマッチ（議論）にならないんですよね。ラリーになっちゃう。ずっと延々に続くラリーをしているみたいな。

伊藤　「そうそう」とうなずきあったり、「澤さんはこう表現するのか」と妙に納得してしまったり。僕にとっては、とても勉強になりますけど。

澤　お互いがいっていることを「抽象《ちゅうしょう》化《か》」すると、ほとんど同じなんですよね。

「いまこの瞬間」がすべて学びの機会になる

伊藤　もうひとつ共感するところは、僕はいま自分が向かっている方向性や、「この先どうなるか」というのが明確にわからないんです。なぜなら、いま足元にある面白いことを全力でやって生きているので、なんとなくの通過点は見えながらも、「5年後に自分がどこでなにをしているか」がまったくわからない。でも、それを澤さんに話したら……。

澤　僕も全然わからない（苦笑）。

伊藤　「この仕事だけでことを成していくんだ」という固定化した感覚ではなく、まだまだ不十分な自分を鍛えながら、ある部分では自信を持ちながら、「いまこの世の中と向き合っていく」という感覚が、かなり似ていると感じています。

澤　常に自分のベストを出し続けていく感じですね。足りないところがあれば、それを補うために努力したり、誰かを頼ったりもしながら、とにかく時代の変化にずっとついていく。

伊藤　カッコつけるなら、「いまを生きる」ということ。なぜ、僕が「5年後はわからない」というのか。おそらく、僕も澤さんもイメージはしているのだけど、あえてわからないというのは、やっぱり「いまを生きる」ことが非常に大事だからです。だからいまこの瞬間も、僕にとっては成長の機会になる。対話の内容はもちろんのこと、「いま澤さんはこんな表現をしたな」とか、「ここでこんな発声をするんだ」というように、すべてが学びの機会になるんですよ。

澤　内容だけでなく、その場所やそこに流れる空気感も含めたトータルなことですよね。「いまこの瞬間」を体験することは、とても大事なこと。すると、ちょっと生意気な言い方ですけど、そんな体験が起きない場所に僕は自分の身を置きたくない。やっぱり、成長機会の多いところに自分の身を置いていたいですよね。

伊藤 人間ってそうやって刺激を受けて、自分でもハッと気づきながら成長していくわけじゃないですか。だから、まわりに刺激があることは大切だと思う。

澤 幸いなことに、これだけアウトプットしていると、僕たちを求めてくれる人も増えてきて、体験の場を自由に選べるようになったのはとてもありがたいです。

伊藤 一方で、刺激さえあれば成長できるのかというと、受け取る力も関係します。僕はいま自分がいる場を、空気感も含めてすべて俯瞰して、「自分のもの」にできるかどうかが能力だと考えているんです。それがなければ、いくら刺激が多い環境にいてもなかなか成長はできません。

澤 やっぱり僕たちくらいの年齢になると、少しあきらめてしまっている人もいますよね。もちろん、「俺はもうダメだ」と明確に自覚しているのではなく、結果的にあきらめてしまっているというか……。つまり、自分が置かれている状況にあまり敏感ではないと感じる人もいる。なぜなら、ある程度の刺激は求めるのだけど、自分から積極的にアウトプットをしていないから。

伊藤 すると同時に、フィードバックがないわけですね。

澤 そうなんです。だから、気づきようがない。「いまの自分」に対する外からの視線がないのに加えて、ふつうに生きていればそれなりに忙しいし、会社員ならとりあえず毎月給料は入ってきます。でも、そんな生活を続けているとますます気づきにくくなってくると思う。

出遅れたからこそ一気に突き抜けられる

伊藤　僕が自分なりに、そんな刺激を受け取るアンテナを持つきっかけになったのは、興銀時代にメンタルをやられたあと、あるプロジェクトをきっかけに、「出遅れた自分」を巻き返そうと仕事に燃えたときがひとつ。もうひとつは、東日本大震災の際に、プラス株式会社で物流復旧のリーダーをやったときに、自分のなかのあらゆるセンサーを全開にして、「本当に情報を取る」とはどういうことかを、体感として気づけたことがとても大きかった。

澤　自分にとって大きな出来事があったときこそ、きっかけがありますよね。僕の場合は、まったくの門外漢《もんがいかん》でエンジニアになったときですかね。もうえらい苦労……というか、追いつくもなにもとっかかりすらない状態で、ど素人のドベでしたから。

伊藤　まだ、Windows95の登場前ですよね？

澤　そうそう。そこからインターネット時代が到来したことが、僕にとっては大きかった。なぜなら、多くの人が揃ってテクノロジーの初心者に戻ったからです。もちろん、技術的に詳しい人はたくさんいましたが、裾野《すその》が広くなったことでインターネットを軸に自分のオリジナルの能力を掛け合わせていけば、ユニークな存在になれると気づくことができた。

伊藤　やっぱり成長していく人って、大きなマイナスの経験があって、そこから「なんとか巻き返してやる！」という思いで、まるでバネ仕掛けの人形のように、ピョーンと突き抜けていくような人が多いように思う。マイナスの経験があると、強烈なモチベーションが湧きやすいのかもしれませんね。それがないと、淡々と生きて、淡々と情報収集して、いつの間にかだんだん疲れてくる……みたいなことってあり得ちゃうから。

澤　社会人生活も数年が経ち、みんながなんとなく横並びになるときに、外からの視線を意識して「自分だけ遅れたな」という感覚を持つときがポイントかもしれません。たとえば、小さい話ですが、僕はスキーの正指導員の資格を持っています。ただ、2級から挑戦しはじめて、なぜかずっと試験に落ち続けたのです。そのとき、「みんなと同じことをやっていても、僕は成長スピードが遅いんだ」と自覚したんですよ。

伊藤　なるほど。

澤　ただ、成長スピードが遅いということは、あとになって武器になることもある。つまり、成長するために時間がかかっているぶん、得ている情報量も多いわけです。すると、ほかの人に伝えられる情報量が増えていく。もちろん、そのときはなにもわからないのだけど。

伊藤　だからこそ、「いまこの日」を必死に生きるということですね。

澤　やっているときは、必死にあの手この手でやっているだけなんですよね。あとは、失敗したときに、落ち込んでいる自分をきちんと受け入れることも大事でしょう。「こんなことやったって意味ないよ」と、斜めから見ることもできるんです。でも、その状態というのは完全に自分に嘘をついている状態であって受け入れることはできていない。

伊藤 できない自分を受け入れる勇気を持つことは絶対に必要です。僕は、「成長するためになにが必要ですか？」とよく聞かれるのですが、「斜に構えないこと」だと答えています。「まあこんなもんだろ」とか、「本気でやる人も世の中にはいるよね」みたいになった瞬間、自ら成長を手放してしまうからです。これはもういちばんもったいない。そうではなく、ひとまずやってみたらいいんですよ。「できるようになって楽しい！」となる可能性を、あきらめないことが大切だと思います。

「見えないルール」をつくっていないか？

澤 日本人は、失敗を極端に恐れる傾向がありますよね。もちろん、ほかの国の人が失敗に対して寛容だというつもりはありません。アメリカでもヨーロッパでも、失敗すると、様々なネガティブなことが起こりますよ。ただ、日本は「正解」を前提とした教育が長過ぎることで、失敗を恐れ過ぎている面があるのかなと感じます。たとえば減点主義だったり、失敗しないことを美しいことと感じたりする面がとても強い。でも、失敗しないと学べないことってたくさんあります。

伊藤　失敗して、笑われるのが恥ずかしいんですよね。でも、笑われることを最初にやってしまうと、実は誰も笑わないんですよ。たとえば、僕はフェイスブックにあえてポエムみたいなものを書くんです。でも、「これはポエムだから」と先に書くと、誰もなにもいわない。つまり、恥ずかしいと思うのは、「なにか指摘されたら怖い」と思っているから。「俺は裸である！」「これが俺自身である！」と先にいってしまえば、どうってことない。

澤　そのような、「自己を宣言する」ことを難しくする空気がありますよね。

伊藤　日本は同質的な社会なので、多くの人が同じようなことをしているなかで、「わたしはそんなの関係ないし」みたいなことをいうのが難しいんですよね。

澤　同質性を求める力はとても強いと感じます。でも、思い切りとんがってしまえば、案外放置されることもあって……。それこそ僕の髪型なんて、一般的にいえばビジネスでは完全な異端《いたん》なわけです。

伊藤　まあ、日本のサラリーマンとしてはあり得ない（笑）。

澤　でも、きっかけは冬にスキーばかりやっていて、あるときから面倒になって切るのをやめただけなんです。そして、そのままにしていたらいつのまにかアイコンになって、誰もなにもいわなくなりました。

伊藤　そういう経緯だったんですね。

澤　だから、案外自分たちで「見えないルール」をつくってしまっているということなんです。

伊藤　「見えないルール」に、知らず知らず自分を合わせていることはありますよね。そんなとき、自分で先にやってしまう、先にとんがってしまうのは、ひとつ使える方法だと思いますね。僕がそれに気づいたのは、東日本大震災で物流を復旧させていたときです。当時の僕は役職を外されていたので、職階としては「なんで伊藤がやるんだ？」みたいな空気があったのですが、誰もやらないから勝手に宣言してやりました。でも、日本の組織には、この「自分の意志で決めていく」という発想がないことがとても多い。おそらく日本が決定的に遅れているのはこの部分で、自分の意志で決めていくことができないのは、社会にとって大きな損失だと思います。

澤　ただでさえ明文化されたルールがあるのに、さらに忖度《そんたく》したり見えないルールをつくったりしていたら、ますます窮屈になるだけです。ルールというのは、最低限守るべきことさえ押さえていれば、自分からどんどん提案して変えていっていいのですよ。

失敗を恐れず
自分の意志で決断する

澤　もちろん、僕だって人の目がまったく気にならないわけじゃないですよ。でも、「これは誰かがやらないと動かないな」と思ったら、まずは自分でやってみます。なにかをやる前から、「あの人を味方につけておこう」とはあまり考えないかな。ただ、ある程度の成功体験ができてくると、「やっていれば誰かが手伝ってくれるだろう」

と思えるようにもなります。そうなったときは、1周回って自分に対して批判的に見る必要もある。これは、おごりにもつながりますからね。

伊藤 だから、人の意見をきちんと聞くことは大事。僕がよくいっているのは、決断までの判断のプロセスでは、人の意見をじっくり聞くこと。でも、決断はバッサリいく。そして決断したあとは、ケアをしっかり行おうといっています。

澤 じっくり、バッサリ、じっくり。

伊藤 判断材料がなければただの自分勝手になるだけだから、まず、人の意見はじっくり聞く。でも、最初のじっくりが長過ぎるといつまでも決まらないので、決断するときは自分の意志でバッサリ決める。でも、ということですね。その後は、たとえしっかりケアをしても全員が納得するわけではないのですが、きちんと寄り添うことは大事だということです。

澤 やっぱり組織において、なかなか自分の決断ができないのは、「誰かからの評価が怖い」ことが大きいのではないかな？ どうしても、周囲からの目線や評価に晒され続けるわけですよね。なおかつ、自分で決断してなにかを生み出したとしても、それを賞賛する機会や雰囲気が日本の組織には少ないとも感じます。

伊藤 そもそも、仕事は「正解」に向かってやるわけではありませんからね。もちろん、正解が重視される業務は一部にはあるでしょう。それでも、基本的に仕事というものは、「自分はこう思う」と考えて、自分で決断していくことで進んでいくものです。決断がよければまわりはどんどんついてくるし、みんなから総スカンを食らったら、「すみません、失敗しました」となって外される。厳しい言い方かもしれませんが、もうそれだけなんですよ。

澤 失敗を恐れる前に、「とにかく僕はこう思うんだ」ということを、勇気を持って出し続けることなんですよね。それができるかできないか。難しいことなんだけどね。

「自分がどうありたいか」を突き詰める

伊藤 そんな一歩を踏み出せるようになるためには、ふだんから「自分はこう思う」

と、常に意識し続けるクセをつけておくことが必要です。

澤 そのとおりです。あとは、小さなことでもいいのでアウトプットをしておくことでしょうね。なにかを発信するとフィードバックが返ってくるので、新しい気づきを得ることができます。まあ、的外れなフィードバックには……いちいち凹まなくてもいいのだけど。

伊藤 なぜか、ネガティブなフィードバックばかりする人がいるんですよね。

澤 そういう人に限って声が大きいんですよ(笑)。

伊藤 あとは、より現実的なことをいうと、「稼げる力」を持っておくことも大切。「稼げる力」があると、やはり発言力も強くなりますからね。ただ、とくに若い人はそうですが、最初から「稼げる力」なんてありません。それならば、しっかりお金を貯めておくべき。自分が自由にできるお金を貯めて、いざとなったら自分で自分を守れるようにしておくことです。現実的には重要なことだと考えています。

澤 それはつまり、所属する組織から出る選択肢を持っておくということですね。自分で決断を下し、いざとなったら会社を辞めることができる経済力を持っておく。勘ちがいしないでほしいのは、いろいろなものを節約し、がまんしてお金を貯めておくのではないことです。

伊藤　ああ、そうですね。

澤　やりたいことまでがまんすると、結局、自分に対する投資をケチることになるんですよ。バランスが難しいのですが、自分に投資すべきところはしっかり投資して、無駄なところを大胆に削っていくべき。自分の成長につながることを増やしていくといいと思います。それこそいまは、「複業」のハードルが下がっているので、自分の力でなんらかの価値を提供して、それに対するリターンを得る体験をしてみることも大事ですよ。会社勤めをしていると、この実感をなかなか持てませんから。

伊藤　自営業やフリーランスの人は、「自分の力だけで稼ぐ」のがふつうですからね。その状態に晒される経験を、いちどしておくのはいいと思います。

澤　実は外資系企業って、それをある程度は体験できるんですよ。なぜなら、ある日出社したら、突然「あなたのポジションはなくなりました」となることがあたりまえのように起こりますから。でも、そんなときにすぐ別の会社へ移ったり、フリーランスでやれたりする自信があれば、日常の仕事でどんどん攻めることができますよね。

伊藤　突き詰めると、「自分が本当にやりたいこと」を自覚できるかどうか。あるいは、「自分はどうありたいか」を持っているかどうか。ふだん生きているなかではいきなり、「あなたが本当にやりたいことはなんですか？」なんて誰にも聞かれないので、どうしてもその大切な部分がぼんやりしがちなんです。たしかに、まわりの同僚に迷惑をかけないことは大事ですよ。でも、お互い様ということだってある。みんなが自分なりに果敢にチャレンジし、それをお互いが認め合うことができれば、仕事が俄然変わっていき、組織も変わっていくはずです。

YOICHI ITO
×
MADOKA SAWA

SESSION 02

「表現する人が生き残る時代」

テクノロジーが劇的に進化し、
AIが台頭していく時代には、
自由に思考し、
多種多様なものごとを感じ取り、
自らを「表現する力」が
人生を大きく左右する。

そんな創造性豊かに生きる
「個」がつながり合うとき、
社会もまた
大きく変わっていくだろう

インターネットが「表現手段」だと体感した日

澤　僕が社会人になったときは、テクノロジーの会社にいきなり入って、インターネット以前のシステムの世界をつくる側でした。それは単に、仕事をある程度自動化するための仕組みでしかなく、別段凄く便利になるわけでも誰かがハッピーになるわけでもありませんでした。ましてや、多くの人が豊かになるわけでもなかった。

伊藤　パソコンではなく、いわゆる「端末」の世界ですよね。

澤　それがＷｉｎｄｏｗｓ３・１上に、エミュレーター（オペレーティングシステムやＣＰＵなどの機能や動作環境を仮想的に作り出すソフトウェア、ハードウェアのこと）が載ってくる時代がやってきました。まだ白黒でしたが、外側に「窓」が開いてゲームもできた。「これ面白いんじゃないかな？」と思いましたね。でも、まだインターネットではなかった。

伊藤 そのあとにインターネットが登場した。

澤 すると、その「窓」が一気に開いて、様々な情報に接続するのが体感としてわかったんです。端的にいうと、「これで面白い人をたくさん知ることができるな！」と感じました。たとえば、ブログを書いて情報発信する人たちもそう。つまり、自分が接することのできる世界が画面のなかで一気に広がって、世界と直接つながっている実感が生まれたのです。

伊藤 なるほど。すると、システムエンジニアになろうと思った気づきというか、その判断は素晴らしかったですね。

澤 本当にたまたまです。いまならテクノロジーが世の中に満ち溢れているので、経験がなくてもなりたい人がいるのは不思議ではないですが、当時は家にパソコンがない時代ですからね。僕の原動力は、映画『007』シリーズに登場するQみたいになりたいということだけでしたから。テクノロジーでなにか世の中を面白くしたい、という願望がどこかにあったんです。だけど、残念なことにやり方はさっぱりわからない……。だから、社会人になって3年ほどは地獄でした。

伊藤 でも、インターネット以前に、テクノロジーの可能性に気づけたかどうかなんですよね。僕はあまり関心がなかったな……。実は、小学校高学年から中学1年にかけて『マイコンBASICマガジン』（電波新聞社）という雑誌を購読していて、BASIC（手続き型プログラミング言語のひとつ）を勉強していたんですよ。

澤　おお、懐かしい！（笑）。

伊藤　まだ英語がわからないから、「go to」が「行け」という意味すらわからない。そんな状態でプログラミングを独学していたのですが、中学生になってひとりで秋葉原に行き、自作のプログラムを走らせようとしたらうまく動かせなかったんですよね。それで、興味を失ってしまいました。

澤　それからずっとテクノロジーには触らず？

伊藤　Ｙａｈｏｏ！ＪＡＰＡＮができた日にインターネットにアクセスしたので、そのくらいはパソコン通信やインターネットに興味はありました。そして２００１年ごろに、僕が応援していたＪリーグのベガルタ仙台のサイトをつくろうと思って、応援歌をアレンジして歌を歌って、楽器を演奏して多重録音してアップしたんです。そうしたら、それが大騒ぎになって。その後、コールリーダーに依頼されて新曲を録音してアップしたら、サポーターが僕のサイトで練習してくれて、ある試合で２万人がその新曲を合唱したんですよ。

澤　それは凄い！

伊藤　鳥肌が立ちましたよ。それが僕のインターネット体験。そのとき、「インターネットは表現手段なんだ」と気づきました。まあ、そこからもＩＴを追求しなかったのが僕のイマイチなところですけどね……（笑）。ただそのとき体験したことは、いまの仕事にそのまま戻ってきています。多くの人にメッセージを発することだったり、ミュージシャンっぽくステージに上がることだったり。あのときの感覚そのままで、いまに至っている感じがしています。

澤　自分のメッセージを、より遠くに飛ばしたいということですね。

伊藤　そんな個人的な経験が、キャリアやビジネスにも大きく影響しているんです。というよりも、僕は自分の「やりたいこと」を通じてでしか、ＩＴやインターネットを捉えられませんでしたから。

表現できる人、できない人で二極化する

澤　テクノロジーがビジネスシーンを変えたという意味では、案外スライドの影響も大きいのかもしれませんね。でも、プレゼンをしているとよく聞かれるのですが、正直なところ、僕自身はパワーポイントに衝撃を受けたことはないかもしれない。ただ、キャリアチェンジの根っこの部分では、パワーポイントでスライドをつくったことが関係しています。最初に就職した会社のときに、スライドでプレゼンをしたら役員の人がよろこんでくれて、ＣＯＭＤＥＸというアメリカのコンピュータの見本市に行かせてくれたんです。まさにＷｉｎｄｏｗｓ95が出たころで、インターネット時代の到来を肌で感じました。

伊藤　スライドが生み出すコミュニケーションの力は感じましたか？

澤　いま考えると、文章を書くよりもスライドのほうが得意だなと思いましたね。文

章も苦手なわけではないですが、スライドを使ってより端的に表現するほうが、僕には合っているようです。あとは、スライドは文字と話し言葉のコンビネーションによって、自分の表現をコントロールできますしね。

伊藤　かつてスライドが登場したように、いまは新しい表現手段がそれこそ次々と登場していますね。

澤　するとどうなるかというと、表現できる人とできない人とで二極化するという考え方もできるんですよ。これは独立研究者である山口周《やまぐちしゅう》さんがおっしゃっていますが、「これからはアーティスト的な発想ができる人だけが生き残る」と。思えば、羊一さんも音楽をやっているし、これからの時代はなにかを表現できる人が求められていくと思います。

伊藤　そうですね、その二極化はもの凄く進むでしょうね。

澤　表現することができる人は、ＡＩやロボットとアウトプットの質がちがうから、駆逐されようがないんですよ。

伊藤　たしかに、左脳的なロジカルシンキングを大切にし過ぎると、結局は自分だけの意見になっていきませんからね。構造化は重要だけど、ロジックを考えることが最重要ではない。まず右脳的な感覚で、「これはこういうことでしょ?」と言い切れるかどうかが大事なんですよ。じゃあロジックはいらないのかというと、そんなことはなくて、感覚だけだと説得力がないからそのあとにロジックを考えていく。でも、そのロジックを伝えるだけでは結局伝わらないので、最後はまた右脳へ戻る。この「右・左・右」のイメージで、「なんかこんな感じなんだよね」と感覚で言い切れるかどうか。僕は、そうした面がアートにもつながる共通点だと見ています。

澤　たしかに。あとは、そんなメッセージを受信できるアンテナが必要ですよね。これは勉強して身につけるものとは少しちがって、「感じ取る」という別のセンサーが鋭敏になっていなければならない。時代の流れを感じ取ることもそうだし、プレゼンでいえば、大切なのはその場の空気感を感じ取ることでしょう。話し手は、それを読み取るだけでなくコントロールしなければならないので、「いまこれを伝えたら空気が変わるな」「いまこう振る舞うともっと面白い雰囲気になるぞ」というように、右脳でリアルタイムに感じ取りながら、自分からの発信によって空気感を変えていくことが必要なんです。

伊藤　センサーで感じ取ることが最低限必要なんだけど、そこから自分の意志でさらに働きかけていくこと、つまり、「表現していくこと」が大事ですよね。

澤　すると、それを投げかけることで波紋《はもん》が広がって、聞き手（受け手）がまた反応してくれるという、いい連鎖が生まれていくわけです。

ものごとを感じ取る力は後天的に身につけられる

伊藤　澤さんは、その「感じ取る」センサーをどのように身につけましたか？「好奇心」といっていいのかもしれませんが、もともと身についていた？

澤　まず家庭環境からいうと、僕は常に恐怖に晒されて生きていたと思います。父が単身赴任でいなくて、母もＰＴＡ会長で忙しくてどうしようもない。そして、兄がふたりいましたが、２番目の兄は自由人でいつも家にいないので、１番上の兄といつも一緒だった。しかも、その兄は浪人中でよくイライラしていて、なにかにつけて僕にあたるんです（苦笑）。つまり、家庭が安息の場じゃなかったんですよね。だから、余計な被害を受けないように、凄く敏感にセンサーが働いていたと思うな。

伊藤　危機回避という意味で、センサーが鋭敏になっていたと。

澤　ええ。また、学校へ行ったら行ったで楽しくないんですよ。友だちのつくり方がわからないから、そもそも学校でなにをしていいかすらわからない。だから、そんな自分が「快適になるにはどうすればいいか」を考えてばかりいました。本当は、ひとりでいたかっただけなんですけどね（笑）。

伊藤　いつもセンサリングして生きている状態だったわけですね。

澤　小中学校までは、それがまだ自分のなかで噛み合わないわけです。なぜなら、どれだけセンサリングして感じ取る力があっても、自分の表現（アウトプット）が培われていなかったから。でも、高校あたりから次第に表現する意志や手段ができてきて、大学生や社会人になると、自分が感じ取ったものを「言語化」して、次第にアウトプットできるようになっていきました。そのあたりから変わっていった感じですね。

伊藤　なるほど。センサー自体は、わりと幼少のころからあったのですね。僕は、実は完全に後天的に身につけたと思っています。9年前にソフトバンクアカデミアに入ったときに、そこには村上臣《むらかみしん》さん（リンクトイン日本代表）や、平尾丈《ひらおじょう》さん（株式会社じげん代表取締役社長）をはじめいろいろな人がいて、「面白いなこの人たち！」と思った。なにが面白いのかといえば、みんな強烈な好奇心を持った人ばかりだったんです。僕は、その好奇心がどうすれば自分も身につけられるのかと考えました。そこで、彼らをじっくり観察してみたんです。すると、あることに気がついた。それはみんな、「これすげえ！」「これやばくね？」しかいってないんですよ。

澤　なんとなくわかるな（笑）。

伊藤　「これやばくね？」、「いや、こっちのほうがやべえよ！」みたいに、「すげえ」と「やばい」しかいっていない。「そうか！」と思いましたね。そこから、僕も彼らの真似をして、「これ凄くない？」と意識して声に出すようにしたんです。すると、どうなったか。「これすげえ！」というタグがついた状態で、情報がインプットされるようになったんです。

澤　なるほど。

伊藤　これは脳科学者の方もおっしゃっていたのですが、「これすげえ！」というのは自作自演だけど、「これすげえ！」という音声自体は、主語に関係なく人間の深層心理に入っていくらしいんです。つまり、「これすげえ!」というタグつきの情報ばかりが入ってくると、頭のなかに「すげえリスト」ができあがっていくということ。すると、次になにかを見たときに、それが「マジですげえ!」のか、「別に凄くない」のかがだんだん判断できるようになってきたんです。

澤 それはわかる。たとえば、「これカッコいい!」と感じることも同じですよね。

伊藤 同じです。「ここまで後天的にできるのなら、なんでも後天的にできるんじゃないか?」と、そのとき思いましたよね。僕のいまの話し方もそこから来ているんです。要するに、「すげえ!」「やべえ!」ってリアクションを大きくして喋ればいいんだと思ったんですよ。僕がイメージしているのは、ネプチューンのホリケン(堀内《ほりうち》健《けん》)さんや明石家《あかしや》さんまさんなどの芸人さん。彼らのように話していると、情報がどんどん入ってくる。

澤 それは、どのくらい続けて馴染んできましたか?

伊藤 だいたい1年くらいですね。それまでは一定量の情報しか入ってこなかったのに、「すげえ!」「おうおう、それで?」とやっているだけで情報量が2倍くらいになった。これは本当に楽しいですよ(笑)。僕はかなり自覚的にやり続けましたね。

自由に思考し、自由に生きるカッコよさ

澤　いまの羊一さんの話が感覚的に理解できるのは、僕はスタートアップの人たちとかかわるようになって似たような感覚を得たからです。彼らって、それまでの安定した生活を捨ててわざわざ起業して、きれいなオフィスで働いていたのにマンションの一室でコンビニ弁当を食べながらやるわけですよ。一般的には、ちょっとおかしい人たちですよね（笑）。でも、僕は彼らに対して、ちょっと羨ましさを感じた。「いいな、この人たち」って。「カッコいいな！」と感じたんです。その「カッコよさ」というのは、まず自由であることのカッコよさ。そして、本当に世の中を変えようと考えて、そのアプローチを自分の意志で選んだカッコよさなんです。世の中の仕組み自体をつくるわけだから、羊一さんがいった「自分はなんのために存在しているのか？」という地点から、自分たちを定義している。

伊藤　彼らは本当にそんな感じですよね。

澤　会社に入るということは、できあがった仕組みのなかに入るということです。でも、スタートアップはまったく答えがない状態からはじめていくものだったりする。僕はそのとき、「わ、僕もずいぶん思考が硬直していたな」と気づかされました。

伊藤　スタートアップの人たちが、自分たちがコミットした分野でサービスを立ち上げますよね。そのなかで、「伊藤さんこれ見てよ！　もしこれを使ったら世界が変わると思わない？」っていわれたとき、最初は「どうして、そう思えるんだろう？」という感覚があった。でも、実は世の中を変えていく人たちってみんなそうで、ｉｆからはじめて「すげえ！」になっていく。そんな彼らを見ているうちに、なんだか自分も同じような感覚になっていって、やがて彼らのサポーターになろうと思った。

澤　そうそう。「この人たちを手伝いたいな」ってね。結局のところ、僕や羊一さんって、世の中を変えようとしている人たちを勇気づけているだけなのかもしれない。「凄いね、それ！」、「やばいね、それ！」って背中を押すような。彼らは、評論家のアドバイスなんて求めません。徹底的に肯定してほしいだけなんですよ。それを僕たちが積極的にやっている感じなんですよね。羊一さんのいうように、実際にやると自分でも「それはすげえ！」って自然に思えてくるし、そんな「すげえ！」が自分のなかにちゃんと蓄積されていきますよね。

伊藤　そうそう。自分の引き出しも増えていく。

澤　僕は、彼らをサポートするのが大好きなので、いろいろな人たちに対して自分の時間を切り取ってやっています。たとえば、ふだんの仕事でも誰でもできるような仕事は「一切やらない」と決めると自分の時間が浮きます。そうして、できた時間を「やりたいこと」に割り振っていく考え方です。やっぱり自分ひとりでやっていると限界があるので、彼らと協働することでより大きなインフルエンスを世の中に与えていく場に身を置きたいんですよね。

「価値を生み出す」生き方が求められている

伊藤　その意味でいうと、インターネット登場以前は、できる限り大人数が集団となって、ヒエラルキーで情報を集めていく大企業が勝ち残りました。でも、インターネットが登場してサーバーも安くなったいまでは、アイデア次第で誰もが大きく成長できるようになった。もちろん、大企業で働く生き方がいけないのかというと、そんなことはないですよ。そのなかで生きていく生き方もあるし、スタートアップで新しいサービスをつくっていくこともできますからね。僕たちみたいに、社会に対してエバンジェリスト的にメッセージを発信していくこともできるし、いろいろな働き方ができるのだと思います。

澤　最近はよく多様性などといわれますけど、これからますますいろいろな特技・趣味嗜好を持った人が活躍していける社会になるんじゃないかな。

伊藤 逆にいうと、やっぱりそこで「自分はどんな生き方をするのか」が明確になっていないと、澤さんのいう「表現できない人」になってしまう。表現というのは、「アウトプットするためにあなたはなにをしたいのか」ということ。そして、その「なにか」をするために、成功の保証がなくても踏み出していけるのか。そこを自分で突き詰める必要があります。

澤 これからの時代は、どんな生き方をしてもある程度許容されるフェアな社会にはなっていくのだけれど、自分の在り方次第では、どんどん不公平にもなってしまうといえます。

伊藤 スタート地点は、フラットになっていくでしょうね。ただ、自分の考えがあるかないかや、ＡＩの台頭による様々なテクノロジー（ツール）の活かし方次第で、生きづらくなっていく人もたくさん出てくるのでしょう。

澤 もうそんな時代になっているのに、特定の場所でしか通用しない狭い価値観で、「俺は偉いのだ」と盲目的に思っている中高年は、残念ながら凄く多い……。コンビニや牛丼屋に行くと、やたらと店員に横柄な人っていますよね？　あの態度はある意味で一貫していて、「金を払うのだから俺が無条件で偉い」になっている。これが仕事になると、「俺は部長だから偉い」になる。もう完全に思考停止しているんですよね。「価値を生み出す」というモチベーションがなくて、会社のなかで評価を上げるために、「予算を抑えて期限内にやればいい」みたいな感覚だけなんですよ。

伊藤　もうそれでは早晩生き残っていけないのですが、パラダイムの変化に気づいていないんですよね。「価値を生み出す」という面に自覚的じゃないというか。

澤　残念ながら、まだそんな人って多いです。しかも、世界のほかの国に比べて日本は内需が大きいので、パラダイムの変化が少し遅れる可能性もある。そうなると、若い人たちはつらいですよね。年功序列で中高年が逃げ切りをはかるなかで、若い世代は買い叩かれていく状態になりつつありますから。いま優秀な若者がどんどん海外へ飛び出しているのは、あたりまえの選択なのかもしれません。

相互にリスペクトし、貢献する社会を目指す

伊藤 だからこそ、とくに若い人は、「自分はいったいなにがしたいのか」を考えたほうが絶対にいい。僕は、それが「価値を生み出す」かどうかは、まだ考えなくてもいいと思っています。それよりも、「なにをしたいのか」「どう生きたいのか」を突き詰めることがやっぱり大切。それが優れているか劣っているかではなく、もう「これをして生きたい！」って強くいえるかどうか。それだけなんじゃないかと思うんですよ。

澤 自分の人生を、真剣に考えるということですね。

伊藤 そうなんです。そしてもうひとつは、他者との関係において、自分は「共同体の一員である」という感覚を同時に持つことも大切。仕事って、本当にひとりではなにもできないですからね。この本だって、ふたりだけで出せるわけじゃなくて、たくさんの人が仕事として関係している。あくまで仕事は、共同体の一員としてやることなんです。すると、フラットになっていく世界のなかで、お互いにリスペクトさえできればうまく協働していくことができます。それなのに、「うちの会社が金を払っているんだ」「うちがクライアントだ！」なんていっていると、もうリスペクトもなにもないから、うまくいくわけがないんですよ。

澤　本当に他者をリスペクトすることは大事。これも日本人の残念なところになっちゃいますが、海外から帰ってきて最初にびっくりするのが、日本人の「笑顔なし・御礼なし」の振る舞いです。たとえば海外で空港を出るときに、パッとドアを押さえることってありますよね。そんなとき、前にいる人はまず押さえてくれるし、僕が押さえると、ニコッと笑って「サンキュー！」っていってくれる。でも、日本に戻ってきて同じことをしても、なにもいわれないことが本当に多いから。

伊藤　たしかに、あまり感謝された覚えがないですね。

澤　僕はそれに対して、むかついているのではなく、なんか悲しくなるんです。

伊藤　欧米には、共同体の感覚が根づいていますからね。それは、おそらく宗教が影響しているのでしょう。要するに、神を中心にした共同体という「コモンセンス」

（常識）の有無が凄く関係しているということ。僕は、日本人はとてもいい資質を持っていると思いますが、このコモンセンスが欠けているのだと見ています。

澤　なるほどね。あとは、欧米は多民族が前提なので、見知らぬ他者と積極的に友好的なコミュニケーションをしないと、「自分は敵ではない」ということに気づいてもらえない環境もおそらく影響しているんじゃないかな。

伊藤　きちんと言語化しないと誰にもわかってもらえないし、自分の身も守れないということですね。そういえば、最近世の中には、「好きなことだけをやればいい」という論調がけっこうありますよね。もちろん、僕は自分がしたいことを追求することは大切だと思いますが、同時に、共同体の一員として生きているという自覚がなければ、たいした意味はないとも考えています。それはまわりの空気を読んだり、偉い人のいうことを聞いたりすることではなく、共同体の一員として「自分はなにに貢献できるのか」という意識を常に持つということなんです。

澤　ドアを開けることひとつとっても、それは小さな貢献ですよね。

伊藤　そうなんです。すべての人はフラットなんですよ。共同体の一員として、お互いにリスペクトし、「相手は自分とはちがうんだ」ということを認める。これからの時代に、とても大切になる感覚ではないでしょうか。

澤　口では「多様性を認めよう」「ダイバーシティを重視しよう」なんていっているけれど、それで女性を特別に扱っても、それってダイバーシティという名の差別ですからね。実際に、僕は大企業のトップで、女性に対して堂々と差別的な発言をした人も知っています。人はみなフラットだという意識が欠けているんですよね。

日本もついに「個」の時代になっていく

伊藤　一方で、日本人は、自分の知人やお客さんに対するサービス感覚は半端じゃありません。欧米のＭＢＡには「サービスマネジメント」という科目があります。ある意味、日本のビジネスではあたりまえにできていることを議論するのです。カスタマーズファーストとかおもてなしとか、あたりまえ過ぎて……。でも、それをきちんと学んで、議論をして、ビジョンとして掲げなければならないのが欧米社会なんですよね。その意味では、一人ひとりを大事にしておもてなしができるところは、日本の強みになるのではないでしょうか。

澤　それは日本人の性質なのか、あるいは職業倫理観なのか。他人のためにドアは押さえないけれど、仕事になれば倫理観が凄く強くなる。決して悪いことではないと思います。ただ、バランスが重要で、「感情労働」といいますが、それを搾取することを当然と思う人たちもたくさんいます。その部分さえ担保できれば、いいことだと思います。

伊藤　だから、日本人は「もう少し自信を持ち直そうよ」という気持ちが、僕にはあるんです。日本人はもっともっとやれると思う。

澤　それこそ教育の役割でもあるし、とくに平成時代は成功体験が少な過ぎて、若い世代にカッコいい姿を見せるロールモデルが少なかったのかもしれない。

伊藤　あまり、「個」が立つことがなかったですからね。

澤　同時に、「個」を出さないことが美徳になる面がありますからね。でも、これはもう変わりつつあります。今後は明らかに「個」の時代になっていくので、「個」としてしっかり情報発信をして、自立していく必要がある。しかし、組織においては、それを見透かしたように、圧倒的な資本と仕組み化によって「個」がどんどん飲み込まれて、組織に守られて成長することすら期待できない状態に追い込まれていると感じます。

伊藤　最近よくいわれることですが、産業構造も働き方も、ここ数年で本当に転がる石のように変わっていきます。いまはまだ「働き方改革」や産業構造の改革と、「個」のキャリアがリンクしていませんが、おそらく急速かつ圧倒的に変わっていくことでしょう。でも、日々の変化は目に見えにくいので、いまの若い世代には、「気づいたときには遅かった！」みたいになってほしくない。いまのうちから、もっとちがう世界を見ることも真剣に考えたほうがいいかもしれません。

澤　僕はあちこちで、「外のものさしを持とう」といっていますが、これをより強く意識しないといけませんね。ただ、聞いた話では、ある地方の大学関係者が、「外の世界を見せると若者が地元から出て行ってしまう。内側にこそ幸せがあると思わせる教育でなければ」と大真面目な顔をしていうんですって。

伊藤　うーん……それはダメダメですね。

澤 もう恐ろしいなと思って。

伊藤 それは企業研修でも同じですよ。「自分の人生をリードしよう」と僕がいうと、「それで会社を辞めると言い出したら困ります」という会社の方もなかにはいるんです。思考停止してしまっているというか……。そういえば先日、動画サイトで豊田《とよだ》章男《あきお》さん（トヨタ自動車株式会社代表取締役社長）の演説を観ていたのですが、「トヨタを踏み台に使ってください。トヨタはそんなみなさんが働きたいと思う会社にしていきます」という内容の話をされていて、喝采を浴びていました。でも、それってあたりまえのことです。

澤 それを観て若い世代が盛り上がると、上司たちが「いやおまえたち、そうはいってもな」とやっちゃうわけですよね。僕はそんな中高年たちにこそ、「あなたもいまから変わる側になれ！」といいたいですよ。だって、こんなおじさんふたりが、毎日変わろうとしてがんばっているんだからね（笑）。

「個」をベースに日本という国の方向性を考える

伊藤　「個」が自立することを大前提にしながらも、僕は「日本はこれからどこへ進むべきか」「どうしたら日本は再び強くなれるのか」ということを、もっと真正面から議論すべきだと考えています。これまで、あまり大きな視点から議論がされていないと感じるからです。

澤　「個」というのが、個人ではなく、どうしても組織のなかの1ピースとして捉えられているので、会社単位の発想になったままなんですよね。そうではなく、もっと器を大きくして、国や世界という次元で考えられるようになると、アプローチも楽しさもまったく変わるはずです。すると、当然、自分たちだけでできるわけじゃないので、協働することでパフォーマンスを出していく発想になる。

伊藤　よく日本は「組織力が強み」といわれますが、それは活かしようですよね。たとえば、日本は向かう方向性さえ決まれば、おそらく凄く強い。でも、向かう方向が定まらないと、せっかくの組織力が現場単位の改善ばかりに向かって、気づいたら「効率的になったけどこれでよかったんだっけ?」となりがちです。だからこそ、議論と対話が大事になる。「僕たちはこれからどうするんだ?」みたいな青臭い話を、斜に構えずに、みんながやることがいま必要だと思う。

澤　これについては、僕は組織の意思決定に携わる上層部が持つ判断材料が少な過ぎて、時代の流れや大きな方向性・ストーリーを理解できない状態になっているのかなと見ています。上層部に指摘する役割の人たちが、おそらく「恥をかかせてはいけない」と気を使っているのでしょう。その典型例が、先ごろ話題になった印鑑なしで法人登記をできるようにするために「商業登記法」を改正するという法案提出が、印鑑業界の反発によって見送られた出来事でした。そもそも印鑑業界に法案をつぶすほどの影響力があることに驚きましたが、この問題の本質は、印鑑があることで「紙と場所の制約を受ける」ことが前提になるということです。これって、もう働き方改革と真逆なんですよね。でも、この問題も「電子署名にしないと世界から取り残される」ことを、上層部が体感として理解できていないんじゃないかな。

伊藤　そうなんですよね。もうピンポイントで、「ハンコは必要か否か」みたいに考えるから、「いや、やっぱりハンコはいるでしょう」となるんですよね。大局観《たいきょくかん》を持って考えられていない例が、いまの日本には本当にたくさんあります。

誰もが「なりたいもの」になれる可能性がある

澤　「個」としても共同体の一員としても、自分の考えをきちんと言語化して、パッションを含めて伝えていくことが大切だと話してきました。日本人は、ファクトを伝えるのはそれなりに得意なんだけど……。

伊藤　ファクトの構造化が苦手ですよね。一つひとつのファクトを指摘するのは得意だけど、全体像を見渡して「So What?（だからなに?）」を指摘できない。「なにが本質で、だからこうするべきだ」というストーリーを描く力がとても弱いんですよ。

あとは、全体像といっても空気ばかりを読んでしまうから、結局は結論がうやむやになってしまうこともあります。ひとことでいえば、「気合」が足りない！

澤　いきなり雑な感じになった（笑）。

伊藤　僕のヒーローはね、サラリーマン金太郎の矢島金太郎《やじまきんたろう》なんですよ。そのなかで、役員会を全社員に生中継するというシーンがあるのですが、僕はプラスにいたときにそれを実際にやったんです。すると、もう凄い視聴率で「支社長や支店長ってこんなに詰められているんだ」「俺らもがんばらないと」なんて声がたくさんあがって、全体に気持ちを込めるひとつの方法としてやってよかったなと思ったことがありました。

澤　僕は体育会のノリは強制でしかなくて、指示待ち人間が増えるだけなのでちがうと思っていますが（笑）、羊一さんのように、それぞれが「やりたいことをやるぞ！」と自分に気合を入れて取り組んだら、きっと面白いことになると思います。これは若い世代を見ていても感じますね。たとえば、フラフラしている25歳の若者がいたとしても、僕は「25歳なら、なにかになりたいと思ったらほとんどなれる可能性があるよ」っていいたい。その世界のトップになるのは難しいかもしれないけれど、なりたい思いがあればなることは絶対にできる。ただ、なると思わなかったらなにも起きないことも事実。

伊藤　ちなみに、澤さんの若いころのヒーローって誰ですか？

澤　僕は、ルパン三世。

伊藤　なんか……そんな雰囲気が……（笑）。

澤　大好きなんですよ。

伊藤　へえ。ルパン三世みたいな立ち位置で、ビジネスを考えることってありますか？

澤　ありますありますます。やっぱり彼ってリーダーなんだけど、それ以前に凄くフリーダムじゃないですか。本能に忠実で、泥棒なんだけど誰かをハッピーにするためにやっている。人生のいろいろなことを本当に楽しんで生きているし、他者もリスペクトするし、ああ、ルパンはいいなあって。

伊藤　なるほど。僕は金太郎もですが、やっぱりフレディ・マーキュリーとミック・ジャガーとブルース・スプリングスティーンなんですよ。もう好きで好きでね。だから、彼らを真似して、プレゼンの本番前にラムネを一気飲みして「ドーピング」するのも、彼らを勝手にイメージしてやっているんですよ（笑）。そして、「フレディと同じくらい僕は人を幸せにできるだろうか？」と思うからこそ、気合が入ってくる。単に「世の中をよくするぞ！」だと、僕はちょっと力が入らない。

澤　心のなかにロールモデルを持っておくと、ピンチのときでも熱くなって前へ進んでいけるので、これも広くおすすめしたい方法ですね。

YOICHI ITO
×
MADOKA SAWA

SESSION
03

「誰もが未来の創造者になる」

変化をポジティブに
面白がり、
正解を自分で
つくっていく。

そんな多様な「個」が
お互いにリスペクトし合って、
共同体の一員として生きていく。
未来をともにつくっていくためには、
誰もが「当事者」になって、
自分自身をリードする
生き方が必要だ

正解は探すのではなく自分でつくる

澤　僕たちは、プレゼンをするときに、まず伝えるべきメッセージを考えますよね。そして、それをもとにしてスライドをつくります。つまり、「思考→行動」のプロセスがあってはじめて表現ができるわけです。

伊藤　誰かに与えられたもので話すのではなく、「自分でつくったもの」を話すということですね。

澤　でも、とくに若い人は、自分ではないほかのものを探してしまうようです。これはインターネットの弊害で、グーグル先生がなんでも教えてくれるから、つい検索したくなるのはわかる。でも、やっぱりそこで「自分でつくる」と考えたほうがいいのです。これまで正解がある前提の教育を受けてきた影響もあるでしょうが、いってみれば、正解なんて自分でつくってしまえばいい。アートなんて、まさに探すのではなく「つくる」ことですから。

伊藤 正解を見つけるということに、ほとんど価値もなくなっていますからね。

澤 たとえ〝事実〟という名の正解があったとしても、そこに〝解釈〟を入れるのが人間の思考プロセスです。僕がよくプレゼンの資料で使う、バブル時代の「世界時価総額ランキング」もまさにそうで、「当時のランキングを見ると、1位がNTTで、2位が日本興業銀行で、日本企業はトップ10に7社も入っています」(その他、住友銀行、富士銀行、第一勧業銀行、三菱銀行、東京電力がランクイン)で終わったらダメなんです。

伊藤 つまり、先にいった「So What?」の部分が必要。

澤 そうです。いうべきことは、「7社すべては当時の成熟産業です」という〝解釈〟を加えること。すると、いま現在は「トップ10には非成熟産業のほうが多い」ということがわかり、だからこそ、これからの時代は「0を1にする」考え方でなければうまくいかないんだと思考を進めることができる(現在のトップ10には、アップル、アマゾン・ドット・コム、マイクロソフト、フェイスブックなどの非成熟産業がランクイン)。

伊藤　解釈というのは、自分の価値観のフィルターをとおしてしかできないものなんですよね。要するに、「俺はこう思うんだ」と自分の言葉で語るということ。

澤　そうなると、当然、自分の言葉に「責任」が発生します。もちろん、批判がくることも受け入れなければならない。でも、「責任を取る」というのは、僕はカッコいいことだと思う。組織にいると、なんとなく責任がぼんやりすることもあるじゃないですか。でも、僕が勤める会社には「オーナーシップ」という考え方があって、新入社員でも案件によっては「責任者」という考え方なんです。具体的にいうと、ある顧客に対してトップアプローチがもっとも効果的であるなら、新入社員が自分の会社の社長に、「社長、あなたの時間をください」と直接いえる状態だということ。もちろん、責任が伴うので強い説得材料が必要ですが、やってはいけないということはないんです。

伊藤　これは、日本企業とまったくちがうところですね。

澤　日本だと伝言ゲームになりがちです。まずは直属の上司と話を詰めて、そこでもなかなか「よしわかった」といかないんだけど、あきらめずに上へ上へと上がっていって、ようやくトップまで辿り着いて、「というわけで同行してください」と伝えたら、次は「なんで?」となって、「なんで?」「なんで?」とまた下りてくる。そうなると、自分の言葉に責任を持つ感覚なんて養われませんよね。でも本来は、自分の責任を自分で得やすい場所に身を置いたほうがいいんですよ。

伊藤　いまとはちがう世界を見てみることは、やはりよい機会になるでしょうね。もちろん、急に会社を辞めなくてもいいのだけど……。

澤　外に出て、小さな責任で構わないので、それを果たす機会をつくればいいんです。たとえば、なにかのイベントのサポートに入って、ある小さな部分の全責任を持ってみる。すると、凄くいい経験になるし、観客とはまったくちがう角度から純度の高い情報も得ることができます。イベントの登壇者と知り合いになれるかもしれませんしね。

伊藤　正解を探し求めるのではなく、まず自分が〝当事者〟になるということですね。

プレゼンは
エンターテインメントだ

澤　自分の頭で考えて自分の言葉で伝えるわけだから、僕自身はプレゼンしているときは凄く楽しんでいます。もちろん、そこの会場に来ている人も絶対に楽しませたいし、プレゼンはエンターテインメントだと思っているんですよ。以前、東大の職員と教員に向けて、プレゼンの講習をしたことがあるんです。そのとき、「さすがに学会のプレゼンは、澤さんのプレゼンとちがうのでは？」と質問されたので、僕は「同じですよ」と答えました。「学会のプレゼンにエンターテインメントの要素があってはならないって、誰が決めたのですか？」って。楽しくなければ話は入ってこないし、メソッドはまったく同じなのですから。要するに、学会では正しい情報を正しく伝えることにもの凄くフォーカスしているのです。その意図はわかるけれど、結果的にただのコンテンツの説明書になってしまっている。

伊藤 聞き手を楽しませる、エンターテインするというのは、なにもバカ話をして笑わせることではありませんからね。

澤 話を聞きやすく、吸収しやすい状態にしてあげるということです。たとえていえば、食物を摂取する目的があったとしても、小さい子どもには吸収しやすいように、煮たり焼いたりペーストにしたりするじゃないですか。そうしたことをやるかやらないかで、かなり大きな差になります。

伊藤 聞き手が内容を理解すると同時に、「そのとおりだな」って納得できて、実際に行動するところまでいかないと伝える意味がないですからね。そこまでやって、はじめていいプレゼンになる。だから、プレゼンって、上手に話せるかどうかじゃありません。聞き手が「動く」かどうかなんです。

澤 「自分の人生を実現するんだ」とか、「もっと仕事を楽しくしよう」といった行動を聞き手から引き出すことができるのが、僕はプレゼンの力だと考えています。学会発表だって、聞いたあとに研究室に戻って「僕も世界一の発見をしてやるぞ!」と思わせることができたら楽しいじゃないですか。「そんなモチベーションを引き出すのが学会のプレゼンではないですか?」ということなのです。事実を伝えるだけなら、

ＰＤＦファイルをメールすればいい。
伊藤　だからこそ、先に述べた「感じ取る」センサーが、誰にとっても大事になってくる。
澤　そうですね。もちろん、エンターテインメントの要素が多くなり過ぎてもダメですから。僕もプレゼン中は常にアンテナを張って、「どのくらいうなずいてくれているかな？」「どのくらいメモを取ってくれているかな？」と聞き手の様子をかなり観察していますよ。また、センサーが発達してくると、話が伝わっていることを肌で感じることもできるようになっていきます。僕はこの状態を、「グリップしている」と表現しているんです。

「個」をリスペクトするから協働できる

澤　これからの時代は、自分と異なる考えを持つ人や、異なる環境で生まれた人と「協働」していくことが重要になるという話がありましたね。でも、別にこれまでだって、生まれた環境や性格によって、本来「個」はまったくちがうわけですよね。

伊藤　それはそうですね。僕と澤さんだって、いま同じようなことをしているのに、生まれも育ちもキャリアもかなりちがう。

澤　つまり、自分のことを言語化し、相手と分かり合うための力って、これまでも必要とされてしかるべきだったんです。それなのに、教育やルールをとおして、同調圧力で「個」を押しつぶしていただけの話なんですよ。「個」を尊重するなんて面倒なことをするよりも、右向け右といってみんなが右を向くほうが、コントロールする側は手っ取り早いですから。でも、これからは「個」がなにをするのも自由であることを、お互いが認めていく。ただそれだけの話だと思うのですが。

伊藤　「個」を認め合って、お互いにリスペクトするということですよね。しかも、そうしなければ生き残れない時代にもなっていくでしょう。

澤　「あなたそっちに行くの？　僕はこっちへ行くわ」と認めるだけで、それぞれが活躍できるというだけの話なのに、なぜかそれを日本はずっとできませんでした。

伊藤　まずは、「自分は何者であるか」を突き詰めて、「個」を確立する。そして、相手の「個」も確立していることを信じてリスペクトする。僕は、これが「信頼」につながると思います。頼るということは、相手の「個」に頼ることです。となると、まず自分が相手から「個」として信じて頼られなければ、相互の関係が成り立ちません。そのために、まず「自分が何者であるか」を明確にしておくということ。そして、そんな自分で今度は相手の「個」に頼っていく。「協働」って、たぶんそんな営みだと思うのです。「個」であることの自由だけを強調してしまうと、「みんな好きなことをやって生きよう、以上」となるけれど、そうではなく、社会のなかで生きるためにやはり共同体感覚を持つことが大切だと思いますね。

澤　そうだな……、たとえば「おまえどう思う?」という問いかけが、羊一さんのいう「コモンセンス」をつくっていくのかなと思うんです。「あなたの考えはどうなの?」といわれて、「わたしはね……」と言い合える関係。どちらが正しいか間違っているかではなく、お互いに考えていることをリスペクトする。妥協点を見出して小さくまとまるという意味ではなく、もっと大きく総括的に考えていくイメージかな。

伊藤　そうそう。両方を追求するということなんです。最大公約数をつくったり、

「個」を混ぜたりするのではなく、自分も相手も「個」としてきちんと立つということです。そうしないと、どうしても、使ったり使われたりする関係になってしまい、フラットな関係性にならないんですよね。

未来は僕たちがつくっていくもの

澤　そのようにして、多様な人とコミュニケートしながら、「個」同士の振れ幅を大きくしていったほうが絶対に人生は面白くなりますよ。なぜなら、振れ幅が大きくなると、そのあいだにある情報をすべて知ることができるからです。「次はこっちを試してみよう」「あの人の考え方を取り入れてみよう」というように、選択肢がどんどん増えていく。でも、その振れ幅が小さければ、世界を少ししか知らない状態で終わってしまう。まさに僕の実家がそうでしたが、ずっと社宅暮らしで、結婚して大きめの社宅へ引っ越して、出世すると会社の近くに戸建てを買って……という感じになる。人間関係も、社宅だから週末は同僚たちとバーベキューをしてというように、コミュニケーションの多くが会社関係のなかに閉じてしまうようなことが、昭和から平成のある時期までずっと続いてきたわけです。でも、いまはそんな生き方が通用しなくなっているし、「個」として多様な人たちと向き合っていかなければ、結局は楽しくない気がするな。

伊藤　昭和のパラダイムが終わり、平成という移行期が過ぎ去って、なにが重要になってきているかというと、「未来は自分たちでつくっていくしかない」ということです。会社のなかで働いていたら、希望に満ちた未来がどこかからやって来る時代はもう終わりました。だから、自分たちでつくっていかなければならない。それは小さなことでもよくて、澤さんがいったイベントのサポートでもいいだろうし、「一緒に面白いイベントをつくろう！」というレベルでもいい。いまや誰もが持つスマートフォンだって、神様ではなく人間がつくったわけです。同じように、この場を誰がつくっているかといえば、僕たちみんながつくっている。僕やあなたは、「そのひとり」だということなんですよ。

澤　僕はよく仕事柄、「ＡＩがこのまま進化していくと世の中はどうなりますか？」と聞かれます。でも、僕は必ず「あなたはどうしたいですか？」と聞き返しています。ＡＩというのは、なにも突然湧いた自然物ではなく、まぎれもなく人工物であり、人間だけがつくり育てることができます。だからこそ、「僕たちがどのようにＡＩを使っていくか」を考えなければならないのですよ。

伊藤　「自分たちでつくっていく」という発想がないと、「どうなるのですか？」「どうすればいいのですか？」と、すぐ他者に答えを求める姿勢になってしまうから。

澤　そうですよね。いま人口減少や少子高齢化などたくさんの問題がありますが、すべて「どうしたいですか？」なんですよ。毎日朝の満員電車がつらいなら、どうしたらいいと思うのか。早起きをするのか遅めに行くのか、会社の近くにアパートを借りるのか。あるいは出勤しないで仕事をするのか、その会社を辞めるのか。いずれにせよ、「会社のルール」と「満員電車に乗ること」に相関関係はありません。乗りたくなければ、乗らなければいいのです。

伊藤　そのために「自分が動く」。そういえば、僕は若いころ、会社の近くに部屋を借りましたけどね（笑）。

澤　本当はすべて自分で解決できるはずなのに、なぜか与えられているルールがすべてだと思った瞬間、思考停止に陥ってしまうのです。まあ、多くの人がこれほどＡＩを恐れているのは、僕は７割方シュワちゃん（アーノルド・シュワルツェネッガー）のせいだと思っているんですけどね……。

伊藤　ターミネーターがやって来たら、さすがに怖いですけどね。

澤　あれが来ちゃったら、僕もさすがにあきらめます（笑）。

すべての企業はテクノロジーカンパニーになる

澤　当然、「自分から動く」ことにはリスクが伴いますが、なにもしないで考えていることほど、時間を無駄にしていることもありません。失敗すると「時間を無駄にした」という人もいますが、僕は真逆だと思う。自分が失敗したことで同じ失敗をする人を助けることができるのだから、大きく考えるととても時間効率がよくなっているんですよ。

伊藤　それって、まさに共同体の一員としての視点ですね。

澤　だから、もう僕はＰＤＣＡでいえば、ＤとＣしかないくらい。正直なところ、ＰとＡがない感じです。

伊藤　へえ、そうなんですね。僕はＰＤＣＡというものは、ＫＰＩだけを追求して、とにかくＰＤＣＡさえ回せばいいようなイメージがつき過ぎたかなと思っています。だから僕もよくいうのは、「思い立ったらすぐ行動する。行動したらそれを振り返る」。やっぱりＤとＣが中心です。ＰとＡはあっていいのだけれど、小さくていいのだと思います。

澤　サイクルを回すこと自体はたしかに重要ですね。ただ、Ｐをやっている時点で、仕事をした気分になってしまうことがとても多い気がするな。Ｐの部分って、たいてい過去のデータをもとにつくりはじめるので、振り返りばかりなんですよ。しかも、Ｐによって未来が正確に予想できることもない。だから、Ｄを概観する「設計図」みたいなＰならいいんですけどね。

伊藤　そうか。僕は、たとえば製薬業界や鉄道や電気・ガスといったインフラなど、Pが重視される業界のことを考え過ぎているかな？　失敗すると多くの人命を危険に晒すことになる業界では、なかなかDとCだけでやっていくのは難しいこともあるのかなと。

澤　羊一さん、実はそんな部分も、これからテクノロジーによって変えていくことができるのではないかと僕は思っているんです。もちろん、これまでは仮説を立てて、ドキュメントをつくって、実証実験に入って……とやっていました。でも、これからはその部分こそをＡＩにやらせて、たとえば仮説を立てるところからテスト稼働までという具合に、ぎゅっと圧縮できるはずです。すると、すぐにＤに移ることができる。

伊藤　パターン認識などを活用して、それまで重要だとされていた仮説検証などの過程を圧縮できるんですね。たしかに、考え方というか、マインドセット自体を変えていかなければなりませんね。たとえば、「自分たちは重厚長大《じゅうこうちょうだい》産業だから……」というような思い込みを変えていく必要がある。

澤　そうですね。しかも、結局は安全性も上がっていきますよ。よく「目視が大事」といわれますが、人間は絶対にミスをする生き物なので、かえってリスクを高めることがあります。たとえば、ロールス・ロイスは日本では自動車で有名ですが、実は世界2位の航空用エンジン製造会社（ロールス・ロイス・ホールディングス）です。そして、そのエンジンのなかには最先端のセンサーがたくさん詰め込まれていて、パイロットがセンサー状況をチェックし、異常があればすぐにメンテナンスに入ることができるようになっています。すると、安全リスクが下がると同時に、メカニックのアサインメントも含めて判断できるようになって、メンテナンスにかかるプロセスをかなり圧縮できるそうです。

伊藤　テクノロジーを駆使することで、セキュリティーを高めると同時に、生産性も劇的に上げているわけですか。

澤　そこで、ロールス・ロイスはエンジンを売り切りモデルではなく、サブスクリプションにして、センサーのデータを使って燃料や運輸コストなどをコンサルするモデルに変えているということです。近い将来に、「世の中のすべての企業はテクノロジーカンパニーになる」といわれているのは、実はこういうことなんです。

世の中を面白がり、「いまを生きる」リーダーたれ

伊藤　そのような未来のビジョンを広く具体的に伝えていくのが、まさにリーダーという存在ですよね。人を導いていくリーダーになにが必要かというと、まず「Lead the self.」。つまり、自分自身をリードできるかどうかが、僕はリーダーの必要条件だと考えています。もう少し具体的にいうと、「Lead the self.」するために、僕は「過去・現在・未来」の軸を持とうといっています。未来は独立して存在しているのではなく、「現在大事にしている想い」の延長線上にあるわけです。そして、その「現在大事にしている想い」は、過去を振り返ることで理由が明確になる。そうした過程を経ることで、より明確になった現在の想いの先に語るべき未来があるはずです。

澤　そうした想いって、すぐに見出せるものではないですからね。常に自分を掘り下げておかないと、自分のことなのになかなか見つからない。

伊藤 まさに。常に問い続けるということですね。実際に「やってみる」ということだと思います。そして、リーダーの十分条件が、それを実際に人に伝えて、動かしていく力です。つまり、共同体の一員として、「Lead the self.」を繰り返していくことなんですよ。すると、ある時点から、それは「Lead the people.」、そして「Lead the society.」に変わっていくわけです。これは、僕の興銀時代の大先輩である野田智義《のだともよし》さんが『リーダーシップの旅――見えないものを見る』(光文社新書)という本でおっしゃっているのですが。

澤 なるほど、面白いですね。では、僕のリーダー像というのは……、僕たちの共通の知人である実業家の角勝《すみまさる》さんが、「面白がり力」といっていますよね。なんでも面白がる。僕はこの「面白がり力」って凄くいい言葉だなと思っていて。なぜなら、世の中に起きていることがいろいろ面白くなると、自分の許容範囲もどんどん広くなるからです。「いいね、それ面白いじゃん!」という態勢になると、いろいろなものをリードできるようになるはずです。「面白いからそれやってみようか!」というふうにリードすることができる。

伊藤 わかります、わかります。

澤　そうか、羊一さんの「やべえ！」に近いかもしれないですね。これをＭＢＡ的にいえば、「リスクを取って挑戦する」みたいな言い方になるのでしょうけど、「面白がっちゃえばいいんだよ」っていうと、もっと敷居が下がる。とにかく「世の中を面白がってみる」。それが、リーダーの凄く重要な資質かな。

伊藤　面白がる人にこそ、いろいろなことが起こりますからね。

澤　なにが起きても「いいね！」「それ面白そうだね！」という人のもとに、いろいろな機会がやって来るのは当然なんです。だって、いちいち説得しなきゃ話もできない面倒な人になんて、誰もアイデアを提案しに行こうなんて思わないもの。そうして、とりあえずやってみて、ダメだったらすぐ撤退。そんなサイクルを繰り返したほうが、はるかに効率がいいですよ。

伊藤　そうですね。結局のところ、どんなこともやってみなければわかりませんからね。そのように「いまこの瞬間」を真剣に生きて、成功も失敗もひっくるめて全身で味わってみると、どんどん成長していくことができると思います。

おわりに

自分の人生を変えるきっかけとなった出来事を、僕は本書でいくつか紹介しました。そのなかでも、仕事人として、そしてひとりの人間としての僕を大きく成長させてくれたもの、それが「プレゼン」との出会いです。

そんなプレゼンをテーマに、プレゼンの先達であり、志を同じくする仲間でもある澤円さんとタッグを組んで、僕たちのエッセンスをたっぷりと詰め込んだ本をつくることができました。

お読みいただくとわかるように、僕たちはお互いにまったく異なる道を歩みながらも、まるで磁石が引き合うように、絶妙のタイミングで出会いました。「類は友を呼ぶ」とはよくいわれることですが、僕はやっぱり「プレゼン」というものが、僕たちを引き合わせてくれたのだと思っています。

そんな澤さんと本をつくれることは、僕にとって大きなよろこびであり、また貴重な学びの機会となりました。

僕たちは、この現在に至るまでに膨大な数の失敗を繰り返しています。そして、そんな失敗から具体的なフィードバックを得ながら、自分なりにプレゼンのスキルを少しずつ磨き、構築していきました。

それらは具体的なノウハウとして、【行動編】に結晶化しています。いまプレゼンを苦手に感じている人は、このパートから読みはじめてもきっと大きなヒントを得られると確信しています。ぜひ、僕たちのノウハウを読み比べて、自分の血肉にしてください。

そして、具体的なノウハウとともに、僕たちは様々なメッセージを本書に込めました。なぜなら、プレゼンというものはひとつの表現の「手段」であり、まだ見ぬ可能性に満ちた世界への入り口に過ぎないからです。

プレゼンを通じてメッセージを広く発信し、フィードバックを得て成長していくことで、あなたはその入り口から少しずつ前へと進んでいくことができるでしょう。

そう、あなただけの人生の目的があるはずです。

「いちどきりの人生で、本当の自分を表現したい」
「多くの人に貢献できる仕事がしたい」
「自分の夢に、いまこそ挑戦したい」

そんな想いを胸に、いまこの瞬間を「本気」で生きている人が発する言葉こそが、多くの人を勇気づけ、人類の歴史さえも動かしてきました。

言葉には魂が宿ります。

そして言葉は未来を語るメッセージとなり、多くの人の心を震わせます。

「今日はいい話を聞いたな」と聞き手に思わせるだけでは、決定的に足りません。プレゼンをする目的は、よりよい未来のために、人を「動かす」ということなのです。

僕たちにとって大切なのは、もっと熱い生き方、もっと真剣な生き方。

では、そんな生き方はどうすればできるのでしょうか？

実は、その材料をすでにあなたは手にしています。あなたがいま手にしているその

「勇気」を出して、とにかくやってみて、失敗から多くを学んでいくのです。
そうして、自分の「在り方」を真剣に探っていく道のりこそが、あなたが本気で生きる人生という道になっていくのだと、僕は思います。

人は変われる。
そして、未来も変えることができる。

ぜひ、可能性に満ちたプレゼンの世界に飛び込んで、自分だけの真実の言葉を、多くの人に発してみてください。
いつの日かみなさんと一緒に「協働」できる日を、心から楽しみにしています。

伊藤羊一《いとうよういち》

2020年5月

伊藤羊一

（いとう・よういち）

ヤフー株式会社コーポレートエバンジェリスト、Yahoo!アカデミア学長。株式会社ウェイウェイ代表取締役。1967年、東京都に生まれる。東京大学経済学部卒業後、日本興業銀行に入行。2003年、プラス株式会社に転じ、事業部門であるジョインテックスカンパニーにてロジスティクス再編、事業再編などを担当し、2011年より執行役員マーケティング本部長、2012年より同ヴァイスプレジデントとして事業全般を統括する。2015年にヤフー株式会社に転じ、次世代リーダー育成を行うだけでなく、グロービス経営大学院客員教授として教壇に立つほか、大手企業で様々な講演・研修を実施している。著書には、『1分で話せ 世界のトップが絶賛した大事なことだけシンプルに伝える技術』『「わかってはいるけど動けない」人のための 0秒で動け』（ともにSBクリエイティブ）、『やりたいことなんて、なくていい。 将来の不安と焦りがなくなるキャリア講義』（PHP研究所）などがある。

澤 円

（さわ・まどか）

日本マイクロソフト株式会社業務執行役員。株式会社圓窓代表取締役。1969年生まれ、千葉県出身。立教大学経済学部卒業後、生命保険会社のIT子会社を経て、1997年にマイクロソフト（現・日本マイクロソフト）に入社。情報共有系コンサルタント、プリセールスSE、競合対策専門営業チームマネージャー、クラウドプラットフォーム営業本部長などを歴任し、2011年、マイクロソフトテクノロジーセンター・センター長に就任。2006年には、世界中のマイクロソフト社員のなかで卓越した社員にのみ授与される、ビル・ゲイツの名を冠した賞を受賞した。現在は、年間300回近くのプレゼンをこなすスペシャリストとしても知られる。ボイスメディア「Voicy」で配信する「澤円の深夜の福音ラジオ」も人気。著書には、『外資系エリートのシンプルな伝え方』（KADOKAWA）、『マイクロソフト伝説マネジャーの世界No.1プレゼン術』（ダイヤモンド社）などがある。

未来を創るプレゼン
最高の「表現力」と「伝え方」

2020年5月26日　第1刷発行

著者	伊藤羊一　澤 円
発行者	長坂嘉昭
発行所	株式会社プレジデント社
	〒102-8641
	東京都千代田区平河町 2-16-1 平河町森タワー13階
	https://www.president.co.jp
	電話　03-3237-3731(編集・販売)
装丁・本文デザイン	木村友彦
写真	榎本壯三　石塚雅人
ヘアメイク	小林千恵(Living Colour)
マネジメント	合同会社スリップストリーム　株式会社フィラメント
編集協力	辻本圭介
企画・構成	岩川 悟
販売	桂木栄一　高橋 徹　川井田美景　森田 巌　末吉秀樹
編集	柳澤勇人
制作	関 結香
印刷・製本	中央精版印刷株式会社

ISBN 978-4-8334-4025-7
Printed in Japan